Generis

PUBLISHING

Invencible: Cómo convertir el fracaso en el impulso para triunfar

Rompe las cadenas del fracaso y conviértelo en el impulso que enciende tu camino hacia la grandeza

Robinson Guerrero Segura

Title: *Invencible: Cómo convertir el fracaso en el impulso para triunfar*

Rompe las cadenas del fracaso y conviértelo en el impulso que enciende tu camino hacia la grandeza

ISBN: 979-8-89248-950-8

Author: Robinson Guerrero Segura

Cover image: www.pixabay.com

Publisher: Generis Publishing
Online orders: www.generis-publishing.com
Contact email: info@generis-publishing.com

INVENCIBLE: CÓMO CONVERTIR EL FRACASO EN EL IMPULSO PARA TRIUNFAR

INVINCIBLE: HOW TO TURN FAILURE INTO THE DRIVE TO SUCCEED

"Rompe las cadenas del fracaso y conviértelo en el impulso que enciende tu camino hacia la grandeza."

"Break the chains of failure and turn it into the impetus that lights your path to greatness."

ROBINSON GUERRERO SEGURA

2025

Contenido

EL MUNDO DE LOS OLVIDADOS

Hablando desde la Realidad

La pobreza es un estado mental, no una situación fortuita de la vida. Nadie nace pobre; nacemos con carencias de cosas, resaltando que la falta de bienes materiales no define el estado de pobreza de una persona. ¿Qué sabe un niño recién nacido sobre lo que es ser pobre? Los niños perciben la falta o ausencia de algo no como una desventaja, sino como una insuficiencia que no necesariamente se traduce en una debilidad para lograr lo que desean. En pocas palabras, la pobreza se traduce en un nivel de insatisfacción por no tener lo que otros tienen, pero no se define como pobreza.

El concepto de pobreza en la mente de los niños crece cuando sus padres o las personas que les rodean definen lo que para ellos es ser pobre y lo traducen en la falta de dinero o algo que consideran que no pueden lograr obtener porque se ve como inaccesible, es decir, por la incapacidad adquisitiva. Este sentimiento se transmite a los infantes desde una edad temprana, haciendo que en muchas ocasiones de considere esta noción como la ausencia de recursos económicos para obtener lo que desean.

Si los padres se dedicaran a enseñar a sus hijos que la pobreza no es la falta de poder adquisitivo, dinero, sino un estado pasajero de circunstancias monetarias, entonces se podría evitar que, con el tiempo, estos sentimientos de carencia persistan. Para romper con ese estado circunstancial, es necesario desarrollar el talento, de modo que, con los años, se evite la sensación de ausencia o carencia de algo que está basado en la necesidad de adquirir objetos materiales, cuyo valor radica en el poder que les atribuimos.

Cuando desde pequeños nos enseñan a usar nuestros talentos para superar las limitaciones que nos impiden alcanzar lo que deseamos (generación de competencias), nos están preparando para romper barreras. Mi padre siempre decía: "No eres pobre porque te falte algo; eres pobre porque piensas que lo eres.

Tus pensamientos no pueden limitar la capacidad que tienes cuando, a través de la voluntad y el sacrificio, logras alcanzar tus objetivos. Por lo tanto, se podría considerar el concepto de pobreza como un estado mental en la vida de una persona que cree que lo es y no necesariamente la afirmación de la ausencia de talento, competencias o recursos.

Si miramos, en términos generales todos nacemos con pies, manos, oídos, ojos, un corazón, entre otros órganos vitales, siendo el aliento de vida lo más importante, por lo que se alude que es la mente, junto con el corazón, la que decide unirse para hacerte más fuerte. Ahí es donde nace la voluntad inquebrantable de lograr lo que siempre has querido.

Ahora bien, aunque la mente y el corazón se unan para trabajar de la mano y hacerte más fuerte, estos deben estar alineados, no solo a la voluntad del querer hacer las cosas, sino a la capacidad de resistir frente a las diferentes adversidades que se presenten, como también a la claridad en la visión que se tenga plasmada, para no olvidar el horizonte de lo que se está haciendo.

¿pero cómo unir la mente y el corazón para hacerme más fuerte? Definiéndose como el un proceso de integración entre la razón y las emociones que nos debe llevar a tomar decisiones más acertadas en la vida. El pensamiento conoce realmente lo que sientes y esto te permitirá obtener el autoconocimiento y para ello debemos prestar atención a las señales que nuestra mente nos está dando.

Es ese estado en que divagamos entre lo que debe ser y lo que posiblemente puede llegar a pasar, afianzándose el encuentro entre la razón y la realidad. Para ello debemos identificar metas y objetivos en función del tiempo y el cumplimiento de nuestros planes, procurando que sirvan de eslabón para lograr lo trazado.

Del mismo modo, se resalta que sin un plan estamos obligados a fracasar en la vida y podemos llegar a caer en las emociones sin sentidos, aquellas que no tienen rumbo alguno. Entonces, ¿Por qué no se tiene un plan definido para alcanzar lo que tanto anhelamos?. Primera regla "diseñar tu plan en función del tiempo" y ponle todo el esfuerzo que se requiera para lograrlo, esto es, solo si estás dispuesto a sacrificar el tiempo necesario que tienes para concentrarte única y exclusivamente en el propósito que te llevara a lograr tus mentas en la vida.

Debemos trabajar mucho en nuestro equilibrio emocional, aquí es importante que desde pequeño los padres atesoren este poder a sus hijos, lo que se traduce en dejarlos expresar sus emociones y no reprimírselas, pues, el sentir tristeza, enojo y miedos hace parte de lo que son como personas y no se considera un punto negativo, sino un estado del momento. Siendo así, la gran tarea de estos como tutores, es actuar con sabiduría, orientándoles a que aprendan a tomar decisiones acertadas.

Si las acciones que los jóvenes tomen están relacionadas con la mente y con el corazón, esto hace que se cree una base sólida para la toma de decisiones en la vida. Es importante que en este estado tanto padres como hijos puedan ejercer sus conversaciones de manera abierta, por lo que el deber recae más en los adultos de propiciar estos encuentros desde que estos son pequeños, para afianzar la confianza y la empatía entre tutores e hijos, sirviendo de base para que crezcan con seguridad en lo que hacen y creyendo en lo que son, para así, emprender en cada una de sus acciones a tomar.

El autor Goleman sugiere que una alta inteligencia emocional, que incluye empatía, autoconciencia y autocontrol, es esencial para el éxito. Esto nos ayuda a manejar las emociones y el estrés de una manera que nos permite apoyar objetivos a largo plazo.

Normalmente cuando se nace en un hogar humilde y pobre en el sentido de carencia de factores económicos y no de capacidad de lograr las cosas; en ocasiones en estos hogares el mayor desafío está en la mente de los padres o de los adultos donde el joven se está desenvolviendo, pues hay una alta probabilidad de que se le transmita al niño esos sentimientos de frustración y denegación de la posibilidad de lograr con sus capacidades lo que tanto se anhela.

De lo anterior, se podría decir que, si la pobreza mental de los padres se le trasmite al hijo, muy a menudo este probablemente sería un reflejo de su tutor. Los niños o los jóvenes aprenden de la observación, de ver a los adultos en el diario vivir de sus vidas, por lo que los padres deben ayudar a los jóvenes en cómo deben manejar sus propias emociones de manera saludable.

Es importante enseñarles a los niños cómo enfrentar una situación difícil que padecen y cómo saberlo manejar en un momento determinado les permitirá adaptar un modelo claro de cómo pueden enfrentar las dificultades de la vida de manera autónoma y asertiva, buscando mitigar el riesgo o el grado de las consecuencias negativas que se puedan llegar a presentar.

Lo más duro y difícil que padecen la mayoría de los jóvenes hoy en día, según lo que se observa, es que no saben como manejar sus emociones, en su mayoría de veces no logran controlar sus impulsos y menos enfrentar situaciones difíciles que se presentan en su día a día. No cuentan con un parámetro que los conduzca a ser personas resilientes y retadoras de lo que pueden llegar a lograr por sus esfuerzos.

Es de suma importancia equipar a las futuras generaciones, donde se les pueda orientar sobre las vivencias del día a día, que comprendan lo valioso de la vida y lo interesante que puede ser encontrar su propósito aquí en la tierra. No se trata de correr tras un sueño prestado, es decir, querer lo que otros quieren solo por obtener reconocimiento, sino de alinear tus metas a tu propósito de vida, entendiendo que el concepto de éxito es relativo para cada persona.

El autor Gawande en su obra "Ser mortal: La medicina y lo que realmente importa al final" argumenta que muchas de sus luchas relacionadas con la pobreza no son cuestiones de recursos económicos o materiales , sino de la mentalidad con que enfrentemos este estado de realidad, para el autor la pobreza no se limita a ausencia o carencia del dinero o de los bienes materiales, sino; que también se incluye una pobreza de propósito, de esperanza y de una visión clara de cómo seremos en el futuro o que visionamos ser en el futuro.

El autor también destaca la importancia de enfrentar las realidades difíciles con una mentalidad que prioriza lo que realmente importa, lo que puede incluir relaciones humanas, dignidad personal y una vida vivida con integridad. En el contexto de la pobreza, es evidente que la superación de esta no solo depende de los recursos materiales, sino también de la capacidad que tienen las personas para encontrar valor en su vida, establecer objetivos importantes, tener claro lo que se persigue y seguir adelante a pesar de las dificultades.

Hoy en día, los jóvenes tienen el compromiso consigo mismos de cambiar el rumbo de su destino. Sin embargo, ese camino está condicionado por el tiempo; no se es joven toda la vida, y lo que hagamos hoy con nuestras vidas determinará nuestro futuro, y quizás también el de muchas otras personas. En esta delgada línea de la vida, cada trayectoria se cruza con otra, y en ocasiones, lo que hacemos hoy puede repercutir en la vida de otros.

Un ejemplo de esto es el de un padre y una madre que, en medio de la pobreza, se esfuerzan por brindar educación a su hijo para que pueda superar las dificultades que ellos han enfrentado durante tanto tiempo. Su deseo más profundo es que, algún día, este joven logre ayudarles a vivir los años que les quedan en condiciones más dignas.

También podemos mencionar que en muchas ocasiones una vida se entrelaza con otras. Un ejemplo de esto, es el caso del único hermano que logró terminar la universidad con el esfuerzo de sus padres, quedando los otros cuatro hermanos sin la oportunidad de educarse por falta de recursos económicos.

Este joven se convierte en la esperanza de la familia, para que los demás puedan seguir cumpliendo sus sueños. Aquí se representa la línea gruesa y la línea delgada: la línea gruesa es aquel que logró salir adelante, mientras que la línea delgada son aquellos que se sacrificaron para que la línea gruesa pudiera levantar a la delgada cuando la cúspide del éxito llegara a su vida.

A menudo, en las familias pobres económicamente, es necesario sacrificar algunas de estas líneas para que una de ellas logre el éxito, con la esperanza de que, al alcanzar esa meta, pueda ayudar a las otras. Sin embargo, en ocasiones, cuando se llega a lo planificado, ya es demasiado tarde, pues aquellos que se sacrificaron han sucumbido con el tiempo, rompiéndose mental y emocionalmente.

Por consiguiente, en muchos hogares, las limitaciones económicas obligan a priorizar el desarrollo de un solo miembro de la familia, por lo que visibiliza la desigualdad social en la que se vive en muchos países. Donde se plasma la educación como un derecho para todos, pero se priorizan los enfoques académicos desde una perspectiva un poco clasista, olvidando que para estudiar se requiere de otros factores importantes que pesan más que una pluma y una hoja.

Este acto está cargado de factores emocionales. Cuando finalmente se alcanzan los objetivos, el único miembro que intenta escapar del mundo de las necesidades y frustraciones lo hace con la mente agobiada y el corazón dolido, enfrentando un mundo nuevo con retos y situaciones desconocidas, pero con la firme convicción de intentarlo una y otra vez por aquellos que quedaron atrás.

En este camino, puede encontrar situaciones que lo desestabilicen moral y emocionalmente. Sin embargo, el deseo de superación y el recordar, aunque sea por un instante, el sacrificio que lo llevó hasta ese preciso momento, serán la fortaleza necesaria para enfrentar las adversidades que pueda encontrar.

Si no miramos hacia atrás para recordar el camino recorrido cada vez que la adversidad toca a nuestra puerta, será difícil recoger las lágrimas, levantarse de nuevo, y seguir luchando día a día en búsqueda de esa felicidad y de ese triunfo llamado éxito en medio de la dificultad y el deseo de superación.

La resiliencia es un proceso que surge de la interacción entre factores individuales y contextuales, no es una cualidad innata, según Masten (2001). Aunque bien intencionadas, el apoyo social y las expectativas familiares pueden generar una gran presión, que en algunos casos puede desestabilizar emocionalmente al individuo.

Por otro lado, la teoría del capital psicológico, presentada por Luthans, Youssef y Avolio (2007), enfatiza que las cualidades necesarias para superar desafíos son la esperanza, el optimismo, la autoeficacia y la resiliencia. Si un miembro de la familia enfrenta las expectativas y el sacrificio de los demás, puede experimentar un desgaste emocional si no tiene un entorno que lo apoye y lo fortalezca psicológicamente. El componente de esperanza, que se considera esencial para mantener la motivación frente a las dificultades, refleja la importancia de "mirar hacia atrás" para recordar el sacrificio y encontrar fuerzas para continuar.

En épocas pasadas, las personas solían planificar una vida tranquila para el final de sus días, valorando elementos básicos como un hogar, alimentos en la despensa, un trabajo digno y la satisfacción de las necesidades básicas. Este era el prototipo de una vida plena, construida a través de valores, trabajo arduo, superación diaria y crecimiento emocional, con un enfoque colectivo más que individualista y una perspectiva siempre orientada hacia el futuro, definida en años, edad y experiencias de vida.

A pesar de que el tiempo sigue siendo el mismo (60 minutos en una hora y 24 horas en un día), los jóvenes viven en un entorno en el que los tiempos son más cortos y los plazos son más rápidos. El cambio en la percepción del tiempo y la planificación de los jóvenes hoy en día pueden ser entendidos a través de la teoría del presentismo, que se refiere a la tendencia de enfocar el pensamiento y las acciones en el presente sin considerar tanto el futuro a largo plazo como un dinamizador del éxito bien fundamentado. Según Zimbardo y Boyd (1999), el presentismo puede estar asociado con una menor planificación y una mayor búsqueda de gratificación inmediata.

Por otro lado, la perspectiva histórica de planificar una vida plena se alinea con la teoría del proyecto de vida, que enfatiza la importancia de tener objetivos y metas a largo plazo para vivir una vida satisfactoria y significativa. Erikson (1980) afirma que la capacidad de planificar y trabajar hacia metas a largo plazo está estrechamente relacionada con el desarrollo psicosocial y la satisfacción en la vida.

Para los jóvenes de hoy, el tiempo se ha convertido en un enemigo invisible. La juventud avanza tan rápido que, en un abrir y cerrar de ojos, parece desvanecerse entre miradas al teléfono e interacciones constantes con las redes sociales. Un día, el chico se fija en el espejo y se da cuenta de que ya tiene barba, mientras que la niña que antes jugaba ahora lleva tacones al trabajo.

El tiempo es esencial para la vida, y si no se aprovecha al máximo cada día, esos sueños de plenitud y la vida anhelada se vuelven inalcanzables. Las oportunidades surgen y desaparecen al mismo tiempo. En épocas pasadas, se esperaba con paciencia que se materializara eso que tanto se anhelaba, la cual brindaba una tregua en medio de las dificultades.

En la actualidad, las oportunidades están disponibles en cualquier momento, pero son tan breves que solo aquellos que pueden detectarlas rápidamente pueden aprovecharlas. Aunque los jóvenes parecen envejecer más rápido, no siempre maduran. Son como las frutas que caen temprano del árbol; en el suelo se maduran rápidamente y luego se desvanecen.

En ocasiones, la fruta parece estar madura, pero al examinarla, se encuentra dañada porque no aprovechó su tiempo de maduración natural en el árbol. Muchos jóvenes son muy talentosos, pero se sienten vacíos en el interior. Algunos alcanzaron el éxito en muy poco tiempo, pero ese éxito desapareció en un instante.

En su obra Ser y tiempo, Heidegger sostiene que la existencia humana está estrechamente relacionada con el tiempo. Él sostiene que la comprensión de la temporalidad y la capacidad de proyectarse hacia el futuro junto con una conciencia del "ser para la muerte" son características de la vida humana verdadera. En este sentido, los jóvenes que no aprovechan el tiempo, atrapados en las redes sociales y en la superficialidad del éxito rápido, están perdiendo la oportunidad de vivir una existencia auténtica.

Por otro lado, la teoría del desarrollo humano de Erik Erikson, que identificó la adolescencia y la juventud como etapas clave para la formación de la identidad, también puede estar relacionada con la falta de maduración en los jóvenes. Sin embargo, en la actualidad, estar constantemente en contacto con las redes sociales puede dañar esa construcción de identidad y causar una sensación de vacío y falta de propósito.

Pensadores como Henri Bergson y Martin Heidegger han estudiado el concepto de tiempo desde una perspectiva filosófica y psicológica. En su obra La evolución creadora, Bergson sostiene que el tiempo es más que una secuencia cronológica; es una duración vivida, una experiencia subjetiva que cambia según la percepción del individuo.

En parte, debido a la velocidad con la que se suceden los estímulos en las redes sociales y las nuevas tecnologías, el tiempo de los jóvenes de la era digital se ha reducido. Esto crea la ilusión de que el tiempo se escurre entre los dedos, lo que limita la reflexión y el desarrollo personal.

La juventud contemporánea se enfrenta constantemente a la fugacidad del tiempo. La velocidad con la que se vive hoy en día, influenciada por las redes sociales y el deseo de éxito inmediato, ha obstaculizado la maduración y la construcción de una identidad sólida. La conciencia del tiempo y la reflexión profunda sobre su uso son esenciales para vivir una vida plena y auténtica, según filósofos y psicólogos. Para los jóvenes, esto significa aprovechar las oportunidades y tomarse el tiempo necesario para madurar de manera completa y equilibrada.

Hemos enfrentado grandes cambios sociales en el siglo XXl en nuestra sociedad, entre las décadas del 2000 al 2020 ocurrió un desprendimiento de la sociedad como un cataclismo del pensamiento humano que, hacia ver que el tiempo circulaba más rápido que en otras épocas, como en los años 50, 60, 70 o quizás 80.

Del mismo modo, hay quienes dicen que es debido a; las nuevas corrientes ideológicas, a los nuevos pensamientos sociales, al acercamiento de diferentes culturas y al encogimiento del mundo por las tecnologías de la información y las comunicaciones o por los paradigmas sociales y culturales que están generando cambio en nuestra forma de actuar, vestir, comer, comunicarnos, expresarnos. Por consiguiente, otros dirán que es por la libertad que hay hoy en día en la juventud, pero también por los enfoques cristianos y por las situaciones internas del ser.

Nuevas situaciones que ha enfrentado el hombre. Ahora se habla de enfermedades como la depresión. Antes, estar deprimido era un estado pasajero que se superaba con una dosis de fe y amor por la vida, alguien decía que esa era una época de los seres de hierro y que hoy estamos en una época de los seres de cristales.

Antes, nos dejaban jugar bajo la lluvia y no nos enfermábamos de chicos, hoy nos cuidan del sol y de la lluvia por los virus y nos enfermamos más, antes el amor florecía con el pasar del tiempo, hoy hay quienes dicen que al amor no hay que darle tiempo porque se va, antes podíamos comer lo que fuera y nos veíamos bien, nos querían por lo que éramos no por lo que veían en nosotros (belleza física vs belleza interior); no éramos un estereotipo de belleza inmaculada, si no un prototipo de persona marcado por valores y principios que determinaban la simpleza de la vida y la fortaleza del corazón.

La vida social se caracteriza por la modernidad líquida, la velocidad y el cambio constante. Las personas experimentan un sentimiento de inseguridad y precariedad cuando se ven obligadas a adaptarse constantemente a nuevas situaciones. Según Bauman (2000), las relaciones humanas en "la modernidad líquida" son rápidas y frágiles, y la falta de tiempo para la reflexión y el desarrollo personal tiene un impacto significativo en la construcción de identidades sólidas.

Para Bauman, la modernidad líquida es una época de incertidumbre y movilidad en la que las estructuras sociales tradicionales se han desmoronado, lo que ha hecho que la vida sea más flexible pero también más inestable, con efectos significativos en las relaciones humanas y la construcción de la identidad.

Por otro lado, en Alone Together (2011), Sherry Turkle analiza como la creciente dependencia de las tecnologías digitales ha cambiado las relaciones humanas y la construcción de identidad en la era moderna. Turkle introduce el concepto de "solicitud conectada" para describir una paradoja de la vida moderna: aunque las personas están más conectadas que nunca a través de la comunicación digital y las redes sociales, con frecuencia se sienten emocionalmente aisladas y desconectadas en un nivel más profundo.

Dado que las interacciones digitales tienden a ser superficiales y efímeras, en lugar de las relaciones significativas que se forman a través de la presencia física y el contacto humano genuino, esta desconexión puede dificulta el desarrollo de una identidad fuerte y madura.

Además, el acceso desigual a la tecnología y las habilidades necesarias para navegar en el entorno digital puede profundizar la pobreza estructural. Aquellos que no tienen acceso adecuado a la tecnología o que no saben cómo usarla para mejorar su situación socioeconómica pueden quedar más rezagados y atrapados en un ciclo de pobreza que se perpetúa tanto en el ámbito material como emocional.

Hay muchas formas en que las ideas de Turkle se relacionan con la pobreza actual. La "solicitud conectada" puede empeorar la pobreza emocional, que es una forma de carencia en la que las personas carecen de apoyo emotivo, pertenencia y relaciones significativas aunque estén rodeadas de tecnología y comunicación constante.

La dependencia excesiva de las tecnología digital puede aumentar la exclusión social y la brecha sensitiva en comunidades vulnerables, donde la pobreza material ya es una realidad. Dado que las interacciones en línea no reemplazan el contacto humano necesario para la cohesión social y el bienestar emocional, las personas pueden estar más aisladas emocionalmente.

Actualmente, nos encontramos en una época caracterizada por lo efímero y transitorio. No obstante, todavía hay mentes y corazones llenos de resistencia a desaparecer o caer en el abismo de una existencia vacía, ensombrecida por la dureza de la vida y la soledad impuesta por una sociedad que no valora su existencia como debería.

Esta sociedad ha perdido los valores fundamentales como la fe, el amor, la compasión por el prójimo y el deseo de actuar con rectitud. Es necesario que vuelvan a confiar en un Dios verdadero que pueda liberar a las personas de la carga del mundo. Si no se abordan estas situaciones emocionales que se arraigan en la infancia y crecimiento como seres humanos, seguiremos siendo parte de una sociedad encadenada por la necesidad y la carencia, aunque parezcan tenerlo todo.

Es una sociedad dominada por un impulso incontrolable de aumentar el valor de lo material, con un pensamiento individualista que flagela y fragmenta a la sociedad en millones de almas perdidas que hoy no saben qué hacer en un mundo que les ha dado la espalda. No obstante, este mismo entorno nos ha brindado los medios necesarios para construir la personalidad, la disciplina y la determinación para dedicar esfuerzo y fe para alcanzar metas impensables. El mundo puede cambiar incluso desde las cosas más básicas de la vida diaria.

En un mundo plagado de dificultades, hambre, frío y falta de oportunidades, donde es difícil obtener lo más básico como un techo, alimentos, ropa, educación o servicios públicos, se encuentra la verdadera esencia de la vida para muchos. Este mundo, conocido como "el mundo de los olvidados", es un lugar donde la vida brilla en su forma más pura. En medio de las necesidades sociales y la incertidumbre, el tiempo parece pasar más lentamente aquí. Cuando la vida está llena de faltas, las manecillas del reloj avanzan con una lentitud desesperante.

En "El mundo de los olvidados", la existencia en zonas marginales muestra una gran desconexión entre las expectativas de una sociedad justa y la realidad de aquellos que nacen en situación de pobreza. Este mundo parece estar atrapado en un ciclo de necesidades básicas no satisfechas, donde prácticamente no hay oportunidades para una vida digna y la realización de sueños. Este ciclo perpetúa la desesperanza, ya que los jóvenes que nacen en hogares disfuncionales enfrentan la falta de figuras paternas responsables desde temprana edad y se ven empujados hacia la delincuencia como un medio de supervivencia.

Según Zygmunt Bauman (2005), la "modernidad líquida" es una época en la que las relaciones y las estructuras sociales se han vuelto efímeras y desechables. Esto se aplica a los barrios donde las redes de apoyo y los lazos comunitarios se desmoronan, aumentando la vulnerabilidad de sus habitantes. En este sentido, la pobreza no solo es económica, sino también social y emocional, y se alimenta de un sistema que prioriza lo material sobre lo humano.

Según Pierre Bourdieu (1998), la reproducción social mantiene las desigualdades y limita la movilidad social donde las condiciones de pobreza se heredan. Este concepto refuerza la idea de que los jóvenes en estos contextos tienen pocas posibilidades de escapar de la pobreza estructural, a menos que se rompa este ciclo mediante la educación, el apoyo comunitario y políticas inclusivas.

Por otro lado, Martha Nussbaum (2011) sostiene que el desarrollo humano debe ir más allá del crecimiento económico y centrarse en las habilidades que permiten a las personas vivir una vida plena. En "El mundo de los olvidados", este enfoque se centra en la importancia de desarrollar no solo las condiciones materiales, sino también la personalidad, la disciplina y la fe para superar los obstáculos.

Émile Durkheim creó la idea de "anomia" en 1897, que describe cómo la falta de normas y valores claros en la sociedad puede llevar al caos y la desintegración social. En su libro, explica que los jóvenes que crecen en la pobreza extrema caen en la anomia, lo que explica su inclinación hacia la delincuencia y la desesperanza.

Claramente, la vida pasa lentamente en el mundo de los olvidados y la pobreza se siente como una espera eterna. Esto también podría estar relacionado con las ideas de Paul Virilio (2000), quien analiza cómo la velocidad del mundo moderno no es igual para todos y cómo aquellos atrapados en la pobreza viven en un "tiempo congelado", marginados por un sistema que avanza sin ellos.

En este mundo un niño en un barrio muy humilde nace, en medio de la necesidad con su progenitora joven que aduras penas tiene la fuerza suficiente para sostener a su bebe con las dos manos, una madre que no sabe que es amamantar a su hijo y que desconoce que al darle pecho se le flagelaran los pezones, que debe alimentarse bien para nutrir a su bebe y que debe trabajar para sacarlo adelante

Posiblemente, ella ahora debe luchar como madre soltera, ya que, el padre no respondió a la paternidad, una niña que se convirtió en mamá que con tan solo 13 años de edad, quien ahora debe luchar por sacar adelante a otro bebé de brazos y que quizás cuando ella tenga 20 años y su hijo 7, será como ver a dos hermanitos intentando crecer juntos.

En una sociedad sumada en la dificultad y en la falta de valores, creciendo en medio de la necesidad y muchos obstáculos, un niño se queda solo en un hogar porque su madre tiene que trabajar, dejándolo solo o sola en casa con un pedazo de pan y un vaso de agua de panela; un infante creando un mundo imaginario para no morir de tedio.

En su cabeza nacen los héroes de su vida, con capaz rescatando a los afligidos, aparecen los aviones que sobre vuelan el techo agrietado de su casa y los barcos de papel que sucumben al platón de agua de la cocina. Un niño que espera con ansias a su mamá que posiblemente después de trabajar arduamente quizás en casa de familia, o en algún negocio de su barrio deberá intentar caminar o tomar varios transportes para llegar hasta su casa, y cuando llega le encuentra dormido y con el estómago pálido del hambre, un hogar donde la cena es el almuerzo; este es el mundo de los olvidados, un mundo cruel en una selva de asfalto frio y sombrío que se eleva en el horizonte.

Un mundo que se muestra un poco cruel y egoísta, donde el más fuerte es el que sobrevive como en la era antigua, una película que se repite ahora en nuestra era moderna, quizás no en castillos y dragones, pero si en una selva de cemento llamada ciudad. A éste le llamamos el mundo de los olvidados, donde solo aquellos que encuentran paz a través de la fortaleza de su fe y de su corazón, logran sobrevivir, mientras superan la barrera de su mente y abrazan la mínima oportunidad para salir de él.

Siendo los más habilidosos los que están expectantes para dar el primer brinco, aquellos que tienen sueños fantasiosos con el deseo de obtener cosas materiales, como; un carro bonito, ropa lujosa, contar con una casa grande, una chica hermosa, visitar lugares bonitos. Luego, una vez se despierta de ese sueño profundo, se mira alrededor y observa detenidamente su realidad mientras se abraza por lo fría de la mañana, aquella que le recuerda que su hábitat esta en la calle. Entonces recoge su periódico de fantaseo y sigue su curso cruzando por una nueva esquina con la esperanza como todos los días, de que alguien le regale un café, aunque el pan ya este algo frio y duro.

En este mundo de los olvidado, el tiempo pasa muy lento y son pocos los que logran salir de él, por lo que para muchos es normal, siendo conformistas sin saber que lo son, porque en muchas ocasiones las "regalías" del estado les hace sentir que tienen lo necesario para sobrevivir.

Ahí, donde muchos chicos son hijos de madres adolescentes que tuvieron que cambiar las muñecas de trapo, por unos guantes que les servía como instrumento para trabajar en oficios varios informales. Aprendiendo las funciones domesticas nen el ejercicio de su labor, así como cambiar pañales de tela una vez se llega a casa.

Durante décadas muchos se han preguntado ¿cómo salir del mundo de los olvidados? Algunos lo logran por la compasión de quienes les duele el dolor ajeno y ayudan, como un acto de caridad, otros se aferran a la fe y son tocados por el amor de Dios cuando se han acercado a su presencia, siendo su voluntad férrea la que les da la fortaleza necesaria en medio de la adversidad para hacer ese salto de fe y lograr cruzar el camino oscuro lleno de incertidumbre y negatividad.

Otros se forjan en su carácter fuerte, pasando por encima de otros más débiles para cruzar sin importar nada ni mirar a tras la destrucción que este hecho causa con el tiempo. Algunos logran redención y son perdonados otros perecen al mal que ya habitan en sus mentes y terminan en la acera de la jungla de asfalto con la boca hacia arriba o hacia abajo, algunos porque presentían su hora y otros porque nunca pensaron que llegaría.

En un mundo desigual donde las oportunidades son pocas, solo quedan dos caminos según las mentes de lo que viven en el mundo de los olvidados, uno es el camino del bien y el otro es el camino del mal. Pero solo logran comprender cuál es la mejor decisión, cuando en medio de la dificultad del hambre, del frio y de la desesperanza de una vida dura y triste, aún les queda un poco de principios y valores adquiridos por aquellos que en momento les ayudaron a medio criar.

Aunque no se nos permite vivir mucho tiempo, debemos por lo menos hacer algo bueno por los demás, para demostrar que hemos vivido.

Normalmente en este mundo quienes te ayudan a criar no siempre son los padres, ellos nunca están para ver crecer a sus hijos, nunca tuvieron tiempo para escuchar los problemas o las necesidades de sus hijos, nunca estuvieron ahí en los momentos más difíciles y lo poco que tienes de una vida con propósito lo adquirieron de sus abuelos o gente extraña que se interesó por ellos.

En este mundo de los olvidados, quienes tienen un poco de principio hacia los demás, logran ver que, en medio de las dificultades, aun no se está dañado del todo. Sino que todavía queda esperanza en ellos, siendo orientados a que busquen una salida a través de sus habilidades, en que se puede ser "alguien" aunque no se tenga estudios, !pues¡, para muchos capacitarse es su ultima opción dentro de la pobreza extrema en la que viven, por lo que, convertir sus sueños en realidad, termina siendo una fantasía.

Quizás en tu corta vida has visto a tu alrededor que muchos de los que están en el colegio están mas dañado que tu y por tanto no son un ejemplo para optar por esa salida, lo vez a diario con los que dicen que van ayudar al país y que tienen grandes estudios, pero se roban a diario la plata que puede ayudar al mundo de los olvidados.

Pero también has visto caso de quienes como tu, en algún momento transitaron estas calles duras y frías y que tu conociste quizás Vivian al lado tuyo o bajando la calle empinada o eran los mas tímidos del barrio o los mas bobos de la cuadra como le decían, y ahora sus vidas han mejorado.

Tienen trabajo, estudiaron lograron terminal el bachillerato y comenzaron a trabajar y a seguir estudiando y ahora la vez mejor. En ese momento, así como la película de misión imposible "tú decides aceptar, es tu decisión". Cuando se llega a esta instancia en el mundo de los olvidados es porque ya tocaste fondo en medio de la necesidad, hiciste cosas malas de las cuales te arrepientes, no encuentras una salida, pero tus sueños siguen ahí intactos, el gran problema es cómo **lograrlo.**

"Los sueños solo dejan de ser sueños y se convierten en realidad cuando la voluntad y la fe son más fuertes que el simple deseo de soñar", me dijo mi madre una vez. Durante la vida, muchos jóvenes que han sido criados en el "mundo de los olvidados" se aferran a sus sueños con los pies descalzos, cargando una esperanza efímera, atrapados en preguntas constantes: "¿cómo?", "por dónde?", "a dónde?" y "con quién?". En este mundo, la incertidumbre y la desesperanza están presentes y la falta de una solución para llevar una vida adecuada parece una condena silenciosa que se siente cada vez más pesada.

Les contaré cómo un chico que conocí logró escapar de ese lugar, pero será un secreto entre nosotros dos. En la década de los 70, un niño y su familia residían en Satinga, un pueblo pequeño en el departamento de Nariño, situado entre la tranquila costa del vallecaucano.

De familia campesina, sus padres llevaban una vida alegre y sencilla. Su padre, quien era comerciante y propietario de una tienda bien abastecida, tenía una buena reputación en la comunidad. También se dedicaba a cultivar plátano, yuca, caimito y banano en sus momentos de ocio, así como a cortar madera para vender.

A pesar de ser apenas un niño, ese joven todavía tenía recuerdos claros de su infancia. Sus padres le habían inculcado algunos de esos recuerdos, al contarle con afecto las historias de sus días felices. En esa época, no tenían muchos lujos ni eran ricos, pero tener una televisión, un equipo de sonido y una lancha con motor era considerado un símbolo de prosperidad.

Nunca había experimentado las necesidades que parecen tan comunes hoy en día para el hombre moderno. Lamentablemente, y estoy diciendo "desafortunadamente" ya que con el tiempo esa frase cambiaría, la paz de una vida sencilla desaparecería. Este pasaje de la historia me hizo pensar el el autor Henry David Thoreau en su obra Walden, donde destaca que "la riqueza de un hombre está en su simplicidad y en lo que puede vivir sin tener", pueden estar relacionadas con este concepto de felicidad sencilla, que se basa en la conexión con la naturaleza y el disfrute de lo esencial. Thoreau sostiene que la vida simple y en armonía con el entorno natural son las verdaderas riquezas, no los objetos materiales.

Al azar de la vida y del destino, el pueblo fue afectado por un sismo y fue completamente destruido por la naturaleza. El padre de este joven, al igual que tantas otras familias que viven en el pueblo de Satinga, ubicado en la periferia del departamento del Nariño en la republica de Colombia perdió todo. En busca de una segunda oportunidad, sus padres decidieron mudarse a la ciudad más cercana, donde contaban con amigos y familiares, sin más opciones y con solo lo que llevaban puesto.

Apenas consiguieron salvar dos maletas y, con esas pocas cosas, partieron hacia la ciudad. El joven se sorprendió y temió al ver un carro por primera vez. Si la memoria no me falla, tenía cinco años en ese momento. Al llegar a la ciudad, los recibió una tía en una pequeña habitación que no había sido ocupada.

El padre, de ascendencia campesina, se enfrentaba a la vida en una ciudad por primera vez, con la única experiencia adquirida en el campo. Se levantaba cada mañana desde las seis de la mañana hasta las ocho de la tarde, intentando encontrar trabajo sin éxito. Cada noche regresaba cabizbajo y desilusionado, dispuesto a cualquier cosa, a pesar de su habilidad limitada para trabajar en la tierra.

El niño recordaba lo difíciles que fueron esos momentos para su madre, quien ahora se encontraba sin nada después de haberlo tenido todo en el campo. El carácter del joven fue moldeado por las dificultades que enfrentaron como familia y le enseñaron el valor de la perseverancia ante las adversidades.

Este concepto de resiliencia que nos deja ver el joven nos hace analizar el pensamiento de del escritor Viktor Frankl quien explora en su libro "El hombre en busca de sentido", es un reflejo en esta historia de pérdida, adaptación y lucha por una nueva vida. Según Frankl, incluso en los momentos más difíciles, las personas pueden encontrar sentido a través del sufrimiento y la adversidad, lo que les permite continuar y cambiar sus vidas.

La pobreza no es simplemente una falta de recursos; es una barrera de múltiples facetas que restringe el acceso a oportunidades, la educación y el bienestar. Las familias marginadas luchan constantemente contra un sistema que parece destinado a ignorarlas. Sin embargo, la historia que estamos contando del joven y su familia demuestra que es en esas circunstancias donde la fuerza interior y la determinación para avanzar se hacen más evidentes.

Enfrentarse a la desigualdad social, que incluye la ausencia de empleo, servicios básicos y educación, enfatiza el valor del esfuerzo individual y colectivo para mejorar las propias condiciones de vida. Sin embargo, la desigualdad social empeora estas dificultades. La discriminación y la falta de acceso a los recursos básicos crean un círculo vicioso de pobreza en muchas comunidades marginadas.

Sin embargo, como señala Frankl, la capacidad de sobreponerse a sus circunstancias es lo que define al ser humano. Las personas que viven en la pobreza son ejemplos de valentía y resistencia en este sentido. A pesar de que sus aspiraciones de mejorar su situación se ven obstaculizadas por la realidad de un sistema desigual, su esfuerzo por mejorar.

Millones de personas han logrado superar las dificultades que impone la pobreza gracias a su determinación de seguir adelante, aunque estén con los pies descalzos y el camino incierto. Este impulso surge no solo del deseo de sobrevivir, sino también del deseo de cambiar sus propias y las de los demás.

El sufrimiento puede encontrar redención en el acto de dar sentido a la vida a través del esfuerzo constante por mejorar, como lo demuestra Frankl. Los pobres se convierten en protagonistas de su propio destino gracias a su capacidad de encontrar esperanza y propósito, incluso en las circunstancias más adversas.

Continuando con la narración del joven, su progenitor logró obtener trabajo en la empresa pública Puertos de Colombia, la cual es fundamental para el desarrollo económico del país. Esta empresa, ubicada en el puerto de Buenaventura, tenía un papel importante en la recepción de bienes de importación y exportación. La operación era crucial para Colombia, ya que constituía el inicio de la industrialización y el crecimiento económico del país.

Las industrias en el interior del país se alimentaban de los insumos y materias primas que se despachaban desde el puerto, por vías férreas y carreteras, lo que contribuía al crecimiento económico regional y nacional. El padre trabajó mucho para mantener a su familia a pesar de las limitaciones y dificultades.

Entre estos trabajos se encontraban la construcción, el trabajo en el carro recolector de basura y la ebanistería. Su capacidad de adaptación y resiliencia le permitió enfrentar numerosos desafíos en el trabajo. El padre construyó con esfuerzo y dedicación un rancho de madera, un logro significativo que permitió a la familia mudarse de su pequeño apartamento.

La presión sobre la familia aumentó con la llegada de otro bebé, lo que subrayó la necesidad de un espacio más adecuado para acomodar a la creciente familia y mejorar sus condiciones de vida. La construcción del rancho fue un avance material, pero también un símbolo de esperanza y progreso en medio de las dificultades.

Estamos frente a un caso que mide la capacidad de las personas para adaptarse y superar las adversidades, incluso en condiciones de pobreza y falta de oportunidades, se conoce como resiliencia. Vemos a una familia resiliente en medio de la aversidad para salir adelante y romper las cadena de la puerta de la jaula de los olvidados. Es claro que las personas y comunidades resilientes pueden mantener una mentalidad positiva y buscar soluciones creativas frente a desafíos económicos y sociales.

La adaptación siempre será ese proceso por el cual las personas cambian sus comportamientos y estrategias para lidiar con los desafíos, eso les permite forjar el carácter. La capacidad de adaptación es esencial en contextos de pobreza y adversidad porque permite a las personas y comunidades ajustar sus circunstancias para mejorar sus condiciones de vida.

Los recursos personales, el apoyo familiar y las redes comunitarias son algunos de los factores que pueden afectar esta adaptación. Ann S. Masten (2014) enfatiza en la literatura académica cómo las personas y las comunidades pueden enfrentar y superar las adversidades mediante la resiliencia, una capacidad intrínseca para recuperarse y prosperar a pesar de los obstáculos.

Este proceso de adaptación es esencial para convertir las circunstancias desfavorables en oportunidades para el crecimiento y la mejora personal. Sin embargo, la capacidad de avanzar es crucial para superar la pobreza. Las personas perseveran a pesar de los obstáculos por motivaciones intrínsecas y extrínsecas, que incluyen el anhelo de mejorar la calidad de vida y asegurar un futuro mejor para sus familias.

La determinación y la esperanza son fuerzas poderosas que impulsan a las personas a aprender nuevas habilidades, buscar oportunidades y seguir esforzándose incluso en situaciones difíciles, no obstante la adaptabilidad y el deseo de superación ayudan a las personas a enfrentar la pobreza y fomentan un proceso continuo de mejora y crecimiento personal. Estas dinámicas, junto con el respaldo de redes comunitarias y políticas adecuadas, tienen el potencial de convertir situaciones adversas en oportunidades para el progreso y la prosperidad.

Continuando con la historia, el padre del niño y su madre lograron seguir adelante a pesar de las dificultades. No obstante, en ese momento, el joven ingresó por primera vez a "el mundo de los olvidados", un entorno caracterizado por la falta de oportunidades y múltiples obstáculos. La familia se expandió y las necesidades aumentaron. En lugar de ser dos, ahora eran tres, lo que significaba más personas que alimentar, mayores gastos y necesidades más complicadas de satisfacer.

En la década de los ochenta, se intensificó la violencia, con la infiltración de grupos del crimen organizado en los barrios. Entre los años 80 y 90, surgieron bandas criminales y el reclutamiento de menores se volvió un tema de mayor preocupación. La crianza de hijos en tales circunstancias sería muy difícil si la familia no estuviera fundada en valores y principios sólidos.

En aquel tiempo, los principios arraigados desde la niñez eran cruciales. La autoridad ejercida por los padres era muy respetada y no había forma de quebrantarla. En aquel entonces, el uso de castigos físicos como el "latigo peludo" y la "chancla boladora" era utilizado para imponer una disciplina firme y efectiva. Las familias se reunían para ver televisión hasta las 8 de la noche porque tenían que levantarse temprano para estudiar al día siguiente.

Al salir y al regresar a casa, todos los miembros de la familia se sentaban a la mesa para compartir la comida y discutir el día, y se pedía la bendición. La hermana menor recogía los platos mientras el hermano mayor la ayudaba a lavarlos, y nadie se levantaba de la mesa hasta que todos hubieran terminado de comer.

Los padres, con gran afecto, solían descalzar a sus hijos y acariciarles la cabeza. Me refiero a esa época. Muchos niños crecieron en medio de la violencia, mientras que otros sucumbieron al reclutamiento, a las drogas o incluso a la muerte. Su dolorosa realidad se convirtió en relatos de muertes en las esquinas y desapariciones de jóvenes.

Muchos padres, atrapados en la incertidumbre, esperaban en vano a sus hijos, mientras que algunos murieron con la esperanza de que sus hijos simplemente se habían ido de la ciudad o caminaban por las calles de otra ciudad. En su obra "Modernidad Líquida", Zygmunt Bauman analiza este fenómeno de desintegración social y pérdida de esperanza.

Examina cómo las sociedades modernas enfrentan una creciente incertidumbre y fragilidad en sus estructuras sociales. Por otro lado Castell en su obra "La era de la información", Manuel Castells sostiene que cuando la violencia y el narcotráfico afectan sus estructuras fundamentales, las sociedades enfrentan transformaciones sociales significativas. Estos fenómenos tienen el potencial de fragmentar la estructura social y alterar significativamente la vida de los jóvenes, quienes se ven obligados a lidiar con la violencia y la desesperanza (Castells, 1996).

El joven vivía en el mundo de los olvidado, en el barrio sin tiempo y sin espacio, donde las calles lúgubres de los recuerdos dela violencia y de la tristeza estaban marcados por cada rinco de las paredes, de las calles, de los postes y de las esquina con olor a muerte y a tristeza; para el joven y su familia, la felicidad residía en la unión familiar, los valores compartidos y el respeto mutuo.

Sin embargo, durante el período comprendido entre los años 90 y 2000, la situación en su entorno se deterioró significativamente. La violencia en los barrios se intensificó con la llegada de los paramilitares, el reclutamiento forzado de jóvenes y la propagación de las drogas.

La creciente confusión contrastaba con la recordación de épocas pasadas en las que se divertían jugando al fútbol bajo la lluvia, nadando en el río cercano o jugando juegos como el escondite y las canicas. Los principios, los valores y la fuerza de un hogar sólido se convirtieron en la clave para enfrentar las necesidades y la violencia durante esta dura época.

La capacidad de las personas para superar la pobreza y la adversidad está estrechamente relacionada con la presencia de capacidades y oportunidades fundamentales que les permitan desarrollarse y participar plenamente en la vida social y económica. Los valores familiares y el amor se erigen como barreras protectoras frente a la adversidad en un entorno marcado por la violencia y la falta de oportunidades.

Ganar el respeto en medio de la violencia era un gran desafío en este contexto. Una fortaleza excepcional se reflejaba en su capacidad para mantenerse firmes en sus principios mientras se enfrentaban a las balas de la violencia. La resiliencia en entornos adversos se construye a través de valores familiares sólidos, redes de apoyo y la capacidad de adaptarse (Masten, 2014).

El joven recordaba cómo muchos de sus conocidos crecieron en el conflicto, y aunque algunos enfrentaron dificultades extremas, su familia les brindó amor, respeto y una formación sólida en valores. La diferencia entre aquellos que recibieron una educación moral sólida y aquellos que no lo hicieron marcó una diferencia significativa en sus vidas.

La cohesión social y el capital social, que se construyen a través de valores familiares y comunitarios, son esenciales para enfrentar la pobreza y los desafíos sociales, según Robert Putnam en Bowling Alone: The Collapse and Revival of American Community (Putnam, 2000).

La experiencia del joven ilustra cómo los valores y la educación pueden guiar y sostener a las personas en su lucha por una vida digna en medio de la crudeza de la realidad y la falta de oportunidades. En un mundo desigual y lleno de adversidades, esta fortaleza interior cultivada desde la infancia puede ser una ventaja crucial.

Crecer en una familia profundamente temerosa de Dios y con padres que, más allá de ser simplemente padres, fueron verdaderos guías durante la etapa más difícil de nuestra vida, forjó nuestro carácter y trazó el camino de nuestras vidas.

En la actualidad, al recordar sus nombres y rostros, y tener conocimiento de que nunca lograron abandonar ese entorno y murieron ante la muerte y el pecado, todavía recuerdo aquellos años en los que jugábamos y nos sentíamos libres. Recordamos con nostalgia lo que imaginábamos en el futuro, hacia dónde iríamos y quiénes nos convertiríamos.

A pesar de los años que han pasado, cuando regreso a las calles donde crecí, todavía puedo recordar sus rostros. Las calles siguen existiendo, y aquellos que se resistieron a abandonar la calle de los olvidados siguen allí, recordando a sus muertos y seres queridos.

En nuestro país, el "mundo de los olvidados" no se limita a una calle o un vecindario, sino a una vereda, una ciudad o una localidad, donde el poder del Estado parece haber dejado de lado la existencia de estas personas. Las ciudades se han convertido en metrópolis y el mundo se ha expandido a su alrededor, pero se han dejado de lado las zonas periféricas, donde las casas de cartón y las necesidades básicas son comunes.

Estos lugares están habitados por personas marginadas y se enfrentan a una falta constante de oportunidades y recursos básicos. La teoría de la justicia de John Rawls aborda este fenómeno de la pobreza y la exclusión social. Se ocupa de cómo los principios de justicia y equidad pueden ser utilizados para justificar o reducir las desigualdades sociales (Rawls, 1971).

A pesar del crecimiento urbano, la falta de oportunidades y el estigma asociado a estos barrios reflejan una profunda desigualdad que persiste. Nunca podremos tener verdadera tranquilidad en un mundo donde ignoramos a los olvidados. Las oportunidades son donde se encuentra la igualdad. Si todas las personas tuvieran las mismas oportunidades, no habría tantas calles abandonadas.

En la actualidad, observamos cómo las grandes ciudades se llenan de personas desplazadas, no solo de otros lugares del país, sino también de otros países. Estos individuos "olvidados del sistema" simplemente buscan regresar a sus lugares de origen y obtener una nueva oportunidad para reconstruir sus vidas.

La pobreza y la exclusión social crean un ciclo de desventajas difícil de romper sin una intervención significativa. El estigma asociado con los barrios marginales y la falta de oportunidades mantienen la desigualdad y limitan las oportunidades de desarrollo para sus residentes.

El escritor John Rawls ofrece un marco teórico para comprender cómo los principios de equidad y justicia pueden ser utilizados para abordar las desigualdades, proponiendo que la redistribución de oportunidades podría disminuir significativamente las disparidades sociales.

El análisis demuestra que la solución a la pobreza y la exclusión no solo requiere la intervención del gobierno, sino también un cambio en la percepción social y un esfuerzo constante para garantizar que todos tengan las mismas oportunidades.

Continuando con la historia del niño y su intento de escapar del "mundo de los olvidados", me gustaría contarles más sobre Franklin. El número de miembros de su familia aumentaba a medida que aumentaban las necesidades. Su padre, sin trabajo fijo, y su madre, que trabajaba en casas de familia vendiendo arepas, se esforzaban por alimentar a la familia y satisfacer sus necesidades básicas. Franklin y sus hermanos crecían en medio de estas carencias, adaptándose con el paso del tiempo a las dificultades. La educación, cada vez más difícil de sostener para la familia, se convirtió en un reto mayor. Franklin recuerda cómo sus padres les compraban uniformes de tallas grandes, para que pudieran ser heredados por sus hermanos menores. Lo mismo sucedía con el calzado y otros elementos esenciales del hogar.

Para Oscar Lewis en su investigación sobre la "cultura de la pobreza" es fundamental para comprender los ciclos de pobreza en las familias, donde las dificultades económicas afectan la vida cotidiana y la educación de los niños. Su obra "Los hijos de Sánchez" analiza cómo la pobreza afecta las oportunidades de una familia en México, lo que es relevante para para lo que le sucedió a Franklin en su época de niño. También Pierre Bourdieu - Su teoría del "capital cultural" y el impacto de la pobreza en el acceso a recursos educativos puede aportar al análisis de cómo las condiciones económicas limitan las oportunidades educativas y de ascenso social. A lo que Bourdieu nos lleva es a entender que las oportunidades educativas y el ascenso social de los hijos pueden verse limitadas por la situación económica de una familia. El término "capital cultural" se refiere a los conocimientos, habilidades, educación y competencias que una persona adquire a lo largo de su vida, que suelen estar directamente influenciados por el entorno socioeconómico en el que crece. Como podemos ver en la historia Franklin tiene dificultades para acceder a recursos educativos de alta calidad, como uniformes, libros o incluso la oportunidad de seguir estudiando debido al bajo nivel de ingresos de su familia. Según Bourdieu, los niños que crecen en familias con menos capital cultural y económico suelen estar en desventaja frente a aquellos que crecen en entornos más privilegiados porque carecen de los recursos materiales y del apoyo cultural necesario para navegar con éxito el sistema educativo. Además, Bourdieu sugiere que el sistema educativo tiende a reproducir las desigualdades sociales porque favorece a aquellos que ya tienen capital cultural, mientras que aquellos que carecen de él, como Franklin, tienen más probabilidades de quedar marginados. Como resultado, la pobreza no solo tiene un impacto en las condiciones materiales de vida de las personas, sino que también limita el acceso a la educación como una forma de movilidad social. Ahora bien Michael Harrington su obra "The Other America", Harrington proporciona una comprensión profunda de la pobreza oculta y cómo afecta la vida familiar, lo cual rosona con la situación de Franklin. Harrington explica cómo existe una "segunda América" en las sociedades modernas que es ignorada por la mayoría. En estas sociedades, la pobreza no es solo un problema de falta de ingresos, sino una serie de privaciones y barreras estructurales que afectan todos los aspectos de la vida, desde la educación hasta la estabilidad familiar. En el caso de Franklin, esta pobreza oculta se evidencia en su pobreza y en la lucha diaria de su familia por satisfacer sus necesidades básicas. Harrington examina cómo estas limitaciones materiales mantienen la desigualdad social al impedir que las familias accedan a una educación de alta calidad. La falta de recursos educativos en el entorno de Franklin, como uniformes adecuados, acceso a materiales escolares y el hecho de que la educación se vuelve más difícil a medida que aumentan las necesidades, refleja las barreras que Harrington describe en su análisis. Además, Harrington nos indica, cómo la pobreza tiene un impacto tanto económico como psicológico y social, lo que con frecuencia conduce a un entorno hostil y violento. Para Franklin, crecer en un entorno violento y hostil con pocas oportunidades de éxito está relacionado con lo que Harrington llama la trampa de la pobreza, que margina a las personas, les impide acceder a oportunidades y, en última instancia, las empuja a vivir en una situación de vulnerabilidad constante. Este análisis también explica cómo los jóvenes como Franklin deben madurar rápidamente y asumir responsabilidades adultas en entornos pobres, lo que dificulta su capacidad de escapar de ese "mundo de los olvidados". Harrington ofrece una perspectiva que explica cómo la pobreza persiste a través de generaciones debido a la falta de capital cultural, social y educativo, lo que limita las oportunidades de ascenso social, especialmente en entornos violentos y desiguales.

Datos del Ministerio de Educación colombiano en los 80 y 90 el porcentaje de estudiantes que se graduaban de la secundaria a la que se le llama en Colombia como bachillerato, era significativamente menor que las décadas anteriores, al revisar datos de los años 80 encontramos que el porcentaje de estudiantes de bachilleraros que se lograba graduar era aproximadamente del 30 al 40%. En los años 90 el porcentaje de estudiantes de bachillerato o secundaria comenzó aumentar gracias a que el gobierno comenzó a implementar políticas públicas destinadas a mejorar el acceso y permanencia de los estudiantes a la educación y mejorar en gran manera la educación básica y media. Estos logros permitieron aumentar la tasa de bachilleres graduados. Pero aun asi el nivel era muy bajo debido a las condiciones culturales, demográfica que tenia el país, un país mas rural que urbano y con pocas instituciones educativas para albergar a los jóvenes, entre las épocas de los años 80 a los años 2000, las madres tenían que dormir en las afueras de los colegios para lograr un cupo de ingreso a sus hijos a los planteles educativos públicos. Para el caso de los planteles privados, los costos excesivos obligaban a que las familias de la clase trabajadora o clase media tuviesen que privarse de muchas cosas para lograr que los hijos ingresaran a un colegio privado. La educación parecía un negocio que no ayudaba mucho a mejorar el futuro que el país tendría con una educación privilegiada para unos pocos. Si era difícil para la clase media imagínese para aquellos que Vivian en el mundo de los olvidados.

En América Latina, es común crecer en condiciones de necesidad, pero en Colombia, esta situación es aún más arraigada. Solo uno de cada diez habitantes de la localidad logra ingresar a la universidad. Según los datos del Sistema Nacional de Información de la Educación Superior (SNIES), solo el 53.94% de los estudiantes de 17 a 21 años en Colombia ingresaron a la educación superior en 2021. En el municipio del protagonista de esta historia, ubicado en el departamento del Valle del Cauca, solo 40 de cada 100 jóvenes logran completar el bachillerato.

Durante esta época los extractos más enfrentaban enormes dificultades en medio de la pobreza los jóvenes para terminaran el bachillerato. Muchos jóvenes que Vivian en el mundo de los olvidado, se veían obligados estudiar de noche y trabajar durante el día. La falta de oportunidades y las innumerables necesidades insatisfechas de esa poca hacia más difícil que los jóvenes lograran salir adelante. Sin embargo, esta generación a pesar de retos y dificultades, logro impulsar el mundo que hoy conocemos. Que a pesar de estar en medio de la pobreza, el hambre y la violencia, pero sobre todo del olvido del estado, lograron superar estas brechas ascendiendo con sacrificio de la clase baja a la clase media , e incluso algunos alcanzaron la clase privilegiada a través del esfuerzo y sacrificios personales.

Cuenta Franklin, como el veía, a sus amigos en las esquinas consumidos por el vicio, sin trabajo sin esperanza, dedicados al sicariato, al hurto callejero. Muchos que siempre alardeaban de sus lujos y costosos objetos materiales como también de sus lindas mujeres, niños jóvenes. Este estilo de vida en esa época era un terreno fértil para que muchos jóvenes enfrentando necesidades extremas tomaran la decisión de seguir el camino del mal. En ocasiones estos jóvenes eran apoyados por padres permisivos, a quienes estos hijos compraban con regalos costoso y dinero para sus hogares. Muchos de estos jóvenes terminaron destruyendo sus propias vidas y de paso muchas madres perdieron a sus hijos mientras ellas lloraban por no haberlos corregido en su momento.

Esta vida de aparente opulencia y el dinero mal habido fácil, cobra tarde o temprano un precio alto para muchos jóvenes, el costo siempre será la vida de algunos, el futuro de otros y el sufrimiento de una sociedad indolente y sosegada por el dolor el sufrimiento y la falta de oportunidades que dejan los que gobiernan, no para una sociedad, si no para un puñado de privilegiados. A esto se acostumbró la sociedad a una efímera abundancia. Frases como "la vida es corta y hay que vivirla", "de algo nos tenemos que morir", o "prefiero disfrutar una vida corta y llena de lujos que una vida larga y llena de necesidades", reflejaban la mentalidad predominante en muchos jóvenes que habitaban el mundo de los olvidados. Este enfoque de vida urbana llevó a la extinción de muchas vidas jóvenes, llenas de potencial, que habrían podido salvarse de haber tomado otro rumbo.

Para franklin la vida se movía en una línea muy delgada entre la existencia o resistencia y la redención de la resiliencia. Pero el no estaba hecho para una vida corta y recordó aquella frase que una vez le dijeron sus padres "la única forma que hoy tenemos los pobres para salir del mundo de los olvidades es atreves de l estudio la diciplina y la fe puesta en Dios, aquella fe que se traduce en voluntad y que te da la esperanza suficiente para lograr lo inalcanzable, porque el medio para salir adelante solo esta en el primer paso, en la decisión de lograr lo que tanto se ha querido y anhelado.

Recuerda franklin que los años más difícil son los que forjaron el carácter en él, pero lo mas importante es que sus padres le demostraron el valor del trabajo duro; cuenta franklin que una vez su padre lo llevo a trabajar construcción para que el viera con sus propios ojos lo duro que era ganarse el pan con el sudor de su frente, también franklin cuenta que su madre una vez llevo a su hermana a que le ayudara hacer aseo donde trabajaba, y su hermana le toco ver toda la humillación que su mama tenia que pasar para conservar el trabajo, ese día su hermana entendió por que su mama llegaba a casa con las manos entumecidas de tanto fregar piso y lavar cestones de ropa sucia, y llegar a la casa hacer los quehaceres atenderlos a ellos como hijo. A partir de ahí su hermana siempre que salía del colegio se quitaba el uniforme y se ponía hacer los oficios de la casa para que su mama cuando llegara pudiese descansar. Muchos jóvenes no saben el sacrificio que los padres hacen para darles un mejor futuro, hasta que los miran a los ojos y los ven cansados y agotados y aunque los padres muestran fortaleza ante sus hijos cuando llegan del trabajo, muchos jóvenes no saben la guerra que acaban de vivir por buscar un buen futuro para sus hijos y familia. Solo con la experiencia de la vida entendemos la importancia y el valor que esta merece, es importante educar al joven para que sea un adulto con valores explico Franklin.

Cuenta Franklin que para poder terminar sus estudio, estudiaba en las mañanas y en las tarde salía a vender helados y en la noche ayudaba a un vecino a vender hamburguesas en un sitio concurrido de la ciudad, llegaba a las 2 de la mañana y madrugaba a la 7 al colegio, en ocasiones realizaba las tarea de los profesores en el mismo colegio antes de salir, para llegar a cambiarse e irse a vender helados en las postrimerías del estadio, en otras ocasiones los helados los vendía en el descanso gracias a un permiso que le otorgo la rectora del colegio, cada dos veces por semana, los otros días los usaba para ir al estadio y vender helados. Cuenta que tenía dos horas para hacer las tareas, era muy piloso, y mientras vendía helados estudiaba y leí los libros que le prestaban en biblioteca del colegio y cuando salía a vender helados al estadio, llevaba siempre los libros para leer y vender al mismo tiempo. Los chicos del barrio que se criaron con él , lo respetaban porque muchas veces lo molestaron e intentaron convencerlo andar por malos caminos, pero nunca lo convencieron, por eso muchos de esos jóvenes siempre decía que a él no le dijeran nada, que él era un muchacho bueno, los chicos del barrio se acercaban a contarle de sus delitos que cometían, franklin era bueno para escuchar y muchos de ellos en ocasiones lo buscaban para contarles o desahogarse y aunque franklin en muchas ocasiones, intento convencerlos de que salieran de esa vida, nunca tuvo éxito, a veces le hacían caso y decidían salirse pero luego que las necesidades aparecían volvían a caer. Cuenta franklin que muchos de los jóvenes, comenzaron a desaparecer del barrio, los asesinaban y ni su cadáver aparecía para brindarle sepultura, en otras ocasiones terminaban preso, capturados por la policía, pagando largos años de condena, otros salían ya enfermo terminaban falleciendo. Muchas jovencitas, con 4 hijos y con cada hijo de un padre que las abandono, los futuros jóvenes del mundo de los olvidados estaban creciendo nuevamente y la historia se repetía décadas tras década. Hoy franklin un hombre de mundo, donde sus estudio le permitieron viajar por el mundo, ayudar a que sus hermanos fueran profesional y siguieran su ejemplo, recuerda con tristeza pero con alegría, que aunque sus padres ya no están y no pudieron ver a sus hijos convertirse en lo que hoy son, unos profesionales exitosos con carreras prominentes, cuenta que una de sus hermanas es una profesora laureada de títulos, la otra hermana es una ingeniera prominente, su otros dos hermanos varones viven en el extranjero uno es un profesional de sonido y trabaja para grandes empresas de evento y el otro vive en Europa dedicado al comercio. Hoy recuerda lo duro que fue para ellos salir del mundo de los olvidados, pero todo se lo agradece a la educación con sacrifico y a los valores inculcado por sus padres, pero sobre todo a la Fe y a la voluntad inquebrantable de salir adelante. Solo quien se lo propone y lo intenta una y otra vez y cada vez que lo intenta, lo hace con mayor fuerza, al final terminara lográndolo. En el mundo de los olvidados existe un fondo profundo y oscuro y solo la FE y la perseverancia de ser mejor cada día te vuelve resiliente.

Cuenta franklin que el encontró una formula a la que el llamo la fórmula de los ganadores inquebrantable: FE= a esperanza + voluntad inquebrantable + disciplina+ valores. La fe no se iguala con nada, viene del alma, sostiene el espíritu te hace creen lo que no vez pero que sabes que llegara por la gracia y misericordia de Dios, el Dios que nos sostiene en medio de la adversidad, cuando ya no quedan fuerzas, cuando ya lo hemos perdido todo, cuando la esperanza parece claudicar y las fuerzas están a punto de perder la batalla, ocurre lo inesperado ocurre el milagro, parece esa luz brillante a tu alrededor esa luz dorada calidad que comienza a levantarte del suelo y comienzas a sentir que una puerta se abre y que si se abrió la primera solo tienes que creer que las otras puertas se abrieran en tus narices para que cruces, pero dependerá que tu voluntad inquebrantable, por que la fe sin el esfuerzo es una fe sin esperanza, la fe actúa cuando en medio de lo más difícil que te esta pasando, cuando no hay salida, cuando sabes que nada va a pasar por que no hay forma que pase, cuando sabes eso solo te queda arrodillarte ante el Dios que todo lo puede y clamar por ese milagro y cuando lo haces, tu espíritu se eleva a lo más alto e intenta tomar la mano de Dios para que el tome el control de tu mundo y en ese preciso momento tus fuerzas derivadas comienza a levantarte te vas parando y tu gran carga tu gran peso se va disminuyendo, te pones de pie, y aclamas a Dios y Dios te dice en tu mente déjame tomar el control que de ahora en adelante yo are mi parte y tu aras la tuya, comienza una vida y empiezas a caminar , ya no estarás solo, ya no mas, ya no cargaras con la carga del mundo, ahora cargas la armadura de un Dios que todo lo puede que todo lo sabe. Estas listo para comerte el mundo para lograr lo inimaginable.

A menudo caminamos por la vida creyendo que las cosas deben suceder tal como las imaginamos. Pasan los años y, sin embargo, el resultado es siempre el mismo. ¿Te has detenido a pensar que, día tras día, sigues el mismo camino, cruzas la misma acera y ves las mismas cosas? ¿Has reflexionado sobre cuántos años has pasado pensando en lo que crees que debería ser, pero no es? Y, de repente, tu mente te sugiere: "¿Qué pasaría si hicieras algo diferente?". Surge el miedo: "¿Y si algo sale mal? ¿Y si mi vida, aunque imperfecta, no está tan mal? Quizás debería quedarme así".

Sin embargo, al mirar hacia atrás, te das cuenta de que siempre has pensado de la misma manera, pero nada ha cambiado. ¿Será que ha llegado el momento de tomar decisiones que te acerquen a algo nuevo, a algo que no conoces pero que debes aprender? Tal vez sea el momento de embarcarse en la búsqueda de un cambio, porque pensar como has pensado hasta ahora solo te ha traído hasta aquí, y aquí no es donde quieres estar. Albert Einstein dijo una vez "locura es hacer lo mismo una y otra vez esperando resultados diferentes". Paulo Coelho en El Alquimista expreso alguna vez que "cuando realmente deseamos algo, todo el universo conspira para que lo logremos", alentándonos a seguir adelante y a enfrentar los temores en la búsqueda de nuestros sueños.

Quienes no han pasado algunas veces o se han quedado viviendo por unos años en el mundo de los olvidados. El mundo de los olvidados, ese mundo lleno de obstáculos y necesidades, ese mundo sin oportunidades, quienes no hemos experimentado en nuestra vida, situaciones de necesidad de angustia, sumidos en la depresión de no encontrar la salida a los problemas a las necesidades, quienes no hemos sufrido para lograr lo que tanto hemos queridos, quizás uno nos ha tocado mas duro que otro, pero de alguna u otra manera nos hemos adentrado sobre las calles del mundo de los olvidado, quienes no se han sentado por un momento a pensar todo el trabajo, la dificultad y la necesidad que han tenido que vivir para estar donde están hoy. Cuando llega ese momento en que nos sentamos a pensar lo difícil que ha sido, comenzamos a darle valor a lo que hemos realizado, quizás sin ayuda solo con nuestra fuerza y con el poder de Dios en nuestras vidas otros, con ayuda de amigos familiares, aquellos ángeles que decidieron darnos el primer empujón en la vida. Este es el momento donde todos aquellos que leen esta parte del libro, comienza a interiorizar, a recordar aquellos que hicieron algo grande por nosotros, padres, hermanos tíos, primos, amigos vecinos, profesores. Cuando comiencen a pensar en ellos quizás, quizás nos demos cuenta que hubo muchas personas que quizás en su momento hicieron algo que parecía insignificante pero que a hoy al pensar en ellos, lograron un cambio significativo en nuestras vida. Entonces entenderemos el poder de Dios como realmente actúa con uno. Y aunque no lo podamos ver su manifestación estuvo en cada persona, en cada cosa, armando el rompecabeza y tratando de enderezar el camino. Quizás las cosas no pasaron cuando usted quería que pasaran, a veces la vida es eso, una prueba que solo termina, cuando miramos atrás y vemos que el poder de Dios estuvo siempre ahí. Cuando nos alejamos de Dios es difícil que esa rompecabeza se logre armar por nuestras fuerzas. Solo la Fe de creer en el que no vez pero que sabes que esta ahí, ara que cada ficha del rompecabeza se comience armar a medida que avanzas, pero dependerá de ti si quieres que se arme rápido o se arme lento, dependerá de tu voluntad, de tu fe, de accionar, de no quedarte con el anhelo, con el sueño, dependerá de responderte siempre sobre el "como", sueña algo grande es tu anhelo, responder el cómo lo vas a lograr es accionar. Necesitas accionar, necesitas levantarte, necesitas caminar diferente, necesitas tomar la decisión, no importa que parezca oscuro el panorama, confía en Dios cada día y el ara que la luz aparezca en tu vida. Has que el peso no lo cargues tu solo, dile a Dios que aliviane tu carga.

"Cuando comienzas a invocar a Dios en cada aspecto de tu vida, cuando lo llamas con fe y lo conviertes en tu principio y tu fin, incluso en medio de la adversidad o la abundancia, es entonces cuando todo cambia. Clama a Él en los momentos difíciles y también en los buenos. Haz de Dios tu fortaleza, la fuente inquebrantable que te ayudará a romper las cadenas del 'no puedo'. Ha llegado el momento de liberar el león o la leona que habita dentro de ti. Dobla tus rodillas ante Dios, ora, clama, pide, búscalo. Él está esperando que lo llames.

Dios ha estado a tu lado todos estos años, paciente, siguiendo cada uno de tus pasos en medio de la adversidad, esperando que lo invoques. Ha llegado el momento. ¿Qué esperas? Él está ansioso de que lo busques, ansioso de transformar tu vida. Ahora mismo, donde te encuentras, arrodíllate y busca a Dios. Deja de ser parte de los olvidados y conviértete en el hijo que siempre ha querido que seas. Algo sobrenatural está por suceder en tu vida. Llámalo, clama, Él te escuchará. No tienes nada que perder, pero tienes todo por ganar.

Dios está tocando tu alma en este preciso instante. Cuéntale de tus aflicciones, de tus problemas. Algo extraordinario está por comenzar hoy en tu vida, pero necesitas un momento a solas con Él. No importa dónde estés: si estás en un parque, en tu casa, en tu sofá o en tu cama, llámalo. Él quiere cambiar tu vida en este preciso momento. Deja que suceda. A partir de mañana, el rompecabezas de tu vida empezará a armarse. Es momento de ser feliz, de descansar en Dios para que tus cargas, dolores, tristezas y angustias desaparezcan. Porque ahora, Dios tomará el control de tu vida." "inspirado en el libro de Jeremías 33:3: "Clama a mí, y yo te responderé, y te enseñaré cosas grandes y ocultas que tú no conoces."

Cuando los seres humanos adoptamos la fe no como una creencia simple de Dios si no como parte fundamental de la existencia de la vida, la cual es un regalo de Dios, entonces entendemos que la FE esta asociada a creer y el creer te da esperanza, la esperanza te llena de fortaleza, la fortaleza te da voluntad y la voluntad te levanta, pero si nos devolvemos a la ecuación volvemos al principio fundamental que es la FE, este poder nacer en medio de la dificultad, cuando el ser humano se desprende de lo terrenal, cuando el hombre se queda sin principio y sin final, sin argumentos, sin camino sin respuesta, entonces justo en ese preciso momento el cuerpo, el cerebro necesita amarrarse al algo y ese algo no tiene explicación racional porque sencillamente nos arrastra aferrarnos a lo único que nos queda así no lo veamos. La fe es el principio que olvidamos, pero es el final que recordamos y nos aferramos. Cuando debería ser el principio y el final de todo. Cuando comienzas a creer en el poder de Dios, las dificultades que parecen indestronables, son destruidas por el poder de creer que nace en nuestro interior cuando tocamos fondo, cuando no hay una salida a nada, solo ahí y justo ahí , en ese preciso momento comienza nuestro ascenso a la luz, esa luz que representa la esperanza de que algo bueno va a pasar por que Dios quiere que pase y yo quiero que pase.

En el mundo de los olvidados olvidamos la fe que es la esperanza de todos nosotros puesta en Dios, el mundo necesita siempre de un héroe y ese héroe silencioso que todo lo ve solo aparece cuando le hacemos el llamado infundado por el poder de nuestro corazón, por el poder de nuestro ser , ese llamado que hace eco en nuestra cabeza que nos dice llama a tu Dios y justo en ese momento de desesperación dios acude a tu llamado, como la señal de auxilio que existía en los comic de Batman, esa señal de auxilio que necesita ser escuchada y que se ve en el cielo, esa señal de ayuda, que claman los oprimidos, los afligidos de que su gran héroe venga en su ayuda en su socorro y los libere de las cadena del sufrimiento la necesidad y el dolor.

El el mundo de los olvidados vivimos todos los que olvidados tener a Dios en nuestro corazón. Solo cuando Dios llega nuestra vida, ocurre el milagro del cambio. Cuenta franklin que sus padres siempre les inculcaron la oración, oración al levantarse, oración al salir de la casa, oración al llegar a la casa, oración y agradecimiento en la mesa, oración al acostarse, agradecer por lo bueno y por lo malo en la vida, eso demuestra que Dios siempre estuvo en sus dificultades en sus necesidades, armando ese rompecabezas llamado vida, para pudieran salir del mundo de los olvidados y lograr todo por loque tanto pidieron a Dios.

Vivimos en un mundo donde se han perdido la creencia donde cada vez la fe se va perdiendo. Decían mi abuelo que a medida que nos alejamos de Dios nada bueno puede suceder en nuestra vida, por lo tanto, debemos tener ese acercamiento con Dios en cada momento de nuestra vida, en cada cosa que hagamos en cada situación que nos esté pasando, porque Dios se alimenta con nuestro llamado por que no nos hemos olvidado de el de su poder y de su presencia en nuestra vida.

franklin recuerda con nostalgia que, después de haber salido del mundo de los olvidados, una tarde, en medio de la puesta de sol, se sentó en el balcón de su apartamento para recopilar cada momento de dificultad que había vivido. A medida que evocaba los problemas, las necesidades, el hambre, el frío, los maltratos y tanto sufrimiento, se dio cuenta de que Dios siempre había estado a su lado, protegiéndolo y guiándolo. Comprendió que tenía un destino preparado para él y su familia, que todo sucede por una razón, y que el sufrimiento no es eterno. Se percató de que todo depende de la fe, las ganas y la voluntad inquebrantable para seguir adelante.

En medio de sus recuerdos, volvió a su mente una frase que su madre siempre decía: "Aunque no se nos permite vivir mucho tiempo, debemos hacer algo para demostrar que hemos vivido. Y aunque los sueños solo dejan de ser sueños para volverse realidad, eso ocurre cuando la voluntad y la fe son más fuertes que el deseo de soñar". Entonces, recordó que su fuerza siempre había sido la fe, la fe de creer que todo era posible cuando uno hace el bien y lo correcto.

A lo largo de la vida, muchas veces seremos tentados a hacer lo incorrecto. Intentarán desviarnos de nuestro camino, querrán desarmar el rompecabezas que Dios ha armado para nosotros. Pero solo nuestra fortaleza en Dios y los principios inculcados desde la niñez nos podrán sacar de la oscuridad y llevarnos hacia la luz.

Al caer la tarde y llegar el inicio de la noche, Franklin recordó que todo empezó en casa, con una buena educación, una educación que no se basa en libros teóricos, sino en principios y valores. Rememoró los castigos de su padre cuando hacía algo malo, y cómo sus padres les obligaban a orar antes de sentarse a la mesa, hasta que se volvió una costumbre: nadie se sentaba a comer sin antes dar gracias a Dios. Recordó que no tuvo lujos materiales, pero sí tuvo el mayor de los lujos: sus padres. Vivió en medio de la necesidad, pero, a pesar de no tener nada, siempre mantuvo la fe de que algún día saldría del mundo de los olvidados. Había algo dentro de él que lo impulsaba a seguir adelante. Creció viendo cómo el mal se llevaba a sus amigos y compañeros del barrio, ofreciéndoles solo momentos fugaces de felicidad. Llegó al punto de saber quién sería el siguiente entre sus amigos y familiares. Cuenta que, cuando alguno de sus vecinos o compañeros, en medio de la dificultad, aparecía con dinero o cosas materiales y se rodeaba de malas compañías, algo malo estaba por suceder. Normalmente, el desenlace era la cárcel o la muerte. En algunas ocasiones, esas personas volvían a la necesidad con más fuerza, ahora esclavas del vicio y las enfermedades derivadas de una vida mal vivida. Este reflejo de la vida lo hizo más fuerte y lo llevó a pensar que, si él quería salir adelante, no debía hacer lo que los demás hacían. Quería caminar por un camino diferente, ser distinto, y hacer lo correcto, para ver qué le deparaba el destino. Lo haría porque sus amigos se convirtieron en el espejo de lo que no debía repetir.

Con el paso de los años, los vecinos, los compañeros de estudio y las calles seguían sumidos en el olvido y la decadencia. Sin embargo, él se sentía orgulloso de haber logrado avanzar más allá de la línea que había marcado la vida de sus conocidos. Y aunque no tenía los lujos de los millonarios, tenía una vida llena de recuerdos, triunfos y grandes anécdotas que compartía con sus estudiantes en las universidades donde impartía clases. Ese trabajo lo llenaba de orgullo, no por el dinero que pudiera generar, sino porque enseñar era su verdadera pasión.

Ya era un hombre maduro, con grandes estudios, muy reconocido en la sociedad por sus investigaciones y contribuciones. Era un hombre de fe, que había puesto su conocimiento al servicio de las personas y de su comunidad cristiana. Sus vivencias, pero sobre todo su fe, fortalecían su espíritu. Además, era profundamente agradecido por los valores que había cultivado y por su inquebrantable voluntad de salir adelante en medio de cualquier adversidad, logrando aquello que tanto había anhelado en la vida.

Pero lo más grande para él era su fe inquebrantable en Dios, el mismo Dios que lo había llevado hasta donde estaba hoy, esa fe que le permitió superar la dificultad de la pobreza y así lograr salir adelante en la vida"

LA VOLUNTAD INQUEBRANTABLE DEL ÉXITO

*determinación absoluta, firme y persistente de lograr un objetivo o alcanzar el éxito,
independientemente de las dificultades, obstáculos o desafíos que puedan surgir.*

Para Napoleon Hill en su libro *Piense y Hágase Rico* (*Think and Grow Rich*, 1937)
manifiesta que el deseo es el punto de partida de todo logro, no es una esperanza, no es
un deseo, si no un deseo ardiente que trasciende todo. Al revisar el pensamiento de Hill
podemos entender que la perseverancia en medio de los obstáculos de la pobreza y la
necesidades diarias, quien sigue luchando con esa voluntad férrea para lograr sus
sueño, refleja esa determinación y el deseo ardiente que Hil describe en su obra Piense
y Hágase Rico, para el autor el deseo no puede verse como algo superficial, si no como
una pasión intensa que te carcome te consumo, es como esa llama ardiente que te
impulsa cada día, a seguir intentándolo, sabes que lo vas a lograr aunque no sabes
cuándo pero sabes en tu interior que deber seguir adelante, esa llama intensa que aviva
tu ser, ese pensamiento que te dice que no vas a claudicar que vas a seguir intentándolo
una y otra vez. Es una energía interna que no se desvanece ante la adversidad, es el
motor que lo mantiene en marcha tal como lo indica Hill. El deseo es el punto de partida
para todo. Primero lo piensa, y ese pensamiento está impregnado de una gran parte del
deseo de esa llama que habita en ti que sabes que se puede lograr, pero sin saber que
se puede lograr, es eso que nos impulsa a creer, ese poder interno que nos da fortaleza,
eso que llamamos Fe a lo que no podemos describir pero que habita en nosotros, nos
impulsa a creer, nos da esperanza aun sabiendo lo deficil que puede ser, pero ese poder
aviva la esperanza y la esperanza le da fuerza a la voluntad para que intentemos una y
otra vez hasta lograrlo.

En muchas ocasiones nos hemos encontrado en la vida que el niño o la niña mas
inteligente no lograron triunfar en la vida, pero el que menos talento tenia en el colegio
logro alcanzar el éxito. A veces para lograr los sueños no siempre el joven mas
talentoso logro alcanzar ese estado, en ocasiones la perseverancia, la voluntad
inquebrantable vence la falta de talento, en ocasiones no vas hacer bueno para lo que
quieres ser bueno, pero si no intentas , una y otra vez, lograras vencer y es ahí donde
el verdadero talento aparece y resurge la frase de que sin perseverancia no hay victoria.
La gota mas pequeña rompe la piedra mas poderosa. Las personas exitosas no siempre
son las mas talentosas, sino las que perseveraran a pesar de los fracasos y construyen
de sus derrotas, sus mayores fortalezas, esas que los hace mas fuerte, por que a veces
es mas fuerte el que sea cae y se levanta que aquel que nunca se ha caído. El esfuerzo

sostenido más allá de los recursos o las condiciones externas que puedan limitarse es que te ayuda a lograr alcanzar esos sueños. Sigo creyendo firmemente que esa llama que no se ve, pero que se siente dentro de uno, es la fe de creer que se puede, toda perseverancia toda fuerza, toda voluntad inquebrantable deberá estar segmentada en la Fe. Cuando llega el fracaso y se cae en la desesperación, se cae en el abismo mas profundo, en el poso mas oscuro, donde creemos que no hay salida, es ahí y solo ahí cuando entendemos el poder de la Fe en un Dios verdadero que nos dios el don de creer y creer es igual a la Fe y esa Fe se transforma en voluntad, en esa fuerza imparable, en ese objeto inamovible que solo entiende que el único camino que queda es luchar hasta el final para lograr los sueños y alcanzar el éxito en la vida. No olvidemos que el éxito no es sinónimo de riqueza monetaria. El dinero y las cosas materiales van y vienen, pero lo que hicimos, ese camino que forjamos, es invaluable. Ahí está el mayor regalo, la mayor recompensa, la mayor satisfacción, y eso no tiene precio; no se compra con nada. Al final, podrás construir la casa más lujosa, montar en el auto más caro, viajar en el avión de lujo o en el yate más grande e increíble, pero después de que el gusto se te pase, cada cosa solo tendrá valor cuando la uses, y ese valor es momentáneo. Lo que vivirá por siempre en ti es cómo lo lograste. Ese camino recorrido es lo invaluable.

En ocasiones, veremos familias que lo tienen todo materialmente hablando, pero no son felices. También encontraremos familias que no poseen mucho, pero cuya felicidad vale más que cualquier cosa en esta vida. No se trata de riquezas, sino de valores: el valor del sacrificio, de la simplicidad de la vida, de cómo le ponemos la chispa para encender la llama de la felicidad. Esa felicidad está en el camino recorrido, en la vivencia de la vida, en el aprendizaje, en el valor de compartir esa felicidad.

A veces, quien camina bajo la lluvia agradece y es feliz, mientras que otros caminan bajo la misma lluvia y se quejan porque se les mojó el traje. Otros disfrutan caminar bajo el sol, respirar aire puro y sentir la paz de la naturaleza, mientras que algunos viajan en un Lamborghini por calles sin rumbo, porque no quieren llegar a su apartamento de 50 millones de dólares, sintiéndose vacíos. La felicidad es un estado emocional y mental, una satisfacción profunda que sentimos cuando estamos plenamente seguros de que estamos en el lugar y con las personas correctas. Es esa plenitud que nos da paz y armonía, tanto con nosotros mismos como con lo que nos rodea.

En el párrafo anterior, no mencioné nada material, y ahí radica la verdadera esencia de lo que nos define como seres humanos. Algunos dirán: "La paz y la tranquilidad que tengo en este momento es todo lo que necesito", y ahí está el verdadero placer del éxito y de la plenitud de la vida. Entender que todo llega a su debido tiempo y que, aunque debamos trabajar y enfocarnos en lo que queremos, no será en nuestro tiempo, sino en el tiempo que Dios disponga. Este proceso ocurrirá cuando nosotros hagamos nuestra parte, ¿y cuál es esa parte? Pues no es más que seguir intentándolo una y otra vez, porque a medida que lo intentemos, Dios irá abriendo caminos y puertas. Pero si nos detenemos, Dios también se detiene y empieza a abrir las puertas que realmente necesitamos para lograrlo. Nos corresponde a nosotros hacer la tarea para que Dios obre sobrenaturalmente en lo que tanto deseamos.

cuando un joven persiste a pesar de la pobreza, demuestra su mentalidad de crecimiento, es decir, cree en si mismo pero también cree que sus habilidades puden perfeccionarse a través del esfuerzo y la dedicación

El joven que persiste a pesar de la pobreza demuestra lo que Dweck llama una mentalidad de crecimiento, es decir, cree que sus habilidades pueden desarrollarse a través del esfuerzo y la dedicación. Carol S. Dweck, en su libro *Mindset: The New Psychology of Success* (2006) argumenta que la capacidad de aprender y mejorar es más importante que los talentos naturales. El joven, al igual que en el concepto de mentalidad de crecimiento, entiende que sus circunstancias actuales no son definitivas, y que su capacidad de aprender y mejorar lo llevará a superar cualquier obstáculo. Uno de los grandes consejos que yo les diría a los jóvenes es que crean en su capacidad para crecer, pero que no olvide que la inteligencia de una persona no es fijas tan poco son inmutables por lo tanto estas habilidades o capacidades se pueden desarrollar e ir perfeccionando con esfuerzo y dedicación. La invitación es a no conformarse con lo que saben justo en este momento, si no que deben enfocarse en lo que están dispuesto a aprender de lo que la vida les de sea bueno o malo deben ir evolucionando. La vida nunca será perfecta, siempre abran obstáculo que vencer, pero lo mas importante es avanzar, detenerse un momento analizar la situación y avanzar, no quedarse a ver que pasa, por que el tiempo sigue caminando y no se detiene, el mundo es decisiones, no nos podemos quedar a esperar que la situación aparezca, debemos accionar, para que luego no digas en 10 o 20 años, " que fuese pasado si fuese si justo en ese momento fuese accionado y tomado una decisión. Muchos dirán el quedarse quieto también es una decisión, pero las decisiones se toman bajo circunstancia que al final generan un cambio, si te vas a quedar esperando por que esperar fue tu decisión, esta bien esa también es una decisión, pero si te vas a quedar ahí, por que no sabes que hacer o por que te da miedo, entonces no abras decidido. El mundo se mueve por que cada uno de nosotros hacemos que se mueva (acción) cada persona es un mundo y las decisiones de tu mundo están esperando a que acciones para que esas decisiones te enseñen y te muestren el camino claro o el oscuro. Carol S. Dweck en su libro *Mindset: The New Psychology of Success* (2006). Dweck sostiene que nuestra capacidad para aprender y mejorar está en nuestras manos, y enfatiza que no debemos conformarnos con lo que sabemos en el momento, sino enfocarnos en lo que estamos dispuestos a aprender a lo largo del camino. Además, en lugar de estancarnos frente a obstáculos o dificultades, Dweck sugiere que en lugar de ver los desafíos como barreras insuperables, debemos percibirlos como oportunidades para aprender y evolucionar.

Otro consejo para los jóvenes es entender que los fracasos son oportunidades de aprendizaje y que debemos enfrentar los desafíos con perseverancia pero sobre todo con fe pero también es importante que ellos sepan que siempre el esfuerzo supera al talento natural, por que el esfuerzo diario te lleva a mejorar y mejorar, con cada caída con cada bajada aprendes de una nueva forma para subir esa es la esencia del ser humano, no se rinde, no se rindió en el pasado y tampoco lo ara en el presente. El mundo evoluciona por que el hombre se tiene fe y tiene fe de que siempre abran tiempos mejores, e incluso en medio de la guerra siempre abra esperanza de creer que todo va a cambiar, por que el sacrificio del presente generara grandes resultados en el futuro. Siempre hay que desarrollar una mentalidad positiva, las cosas toman tiempo y mientras trabajamos diariamente para cambiar podemos aprender a disfrutar del viaje por lo tanto, cambia tu enfoque del " no puedo" a claro que puedo y lo voy a lograr " cree en tu capacidad de aprender y mejorar, mantén una mentalidad de crecimiento de ganador, establece metas y prioridades en la vida, quita lo que te resta y agrega cosas y personas, hábitos que te sumen, enfócate en ti, eres el arquitecto de tu propio futuro, levántate en este momento mírate en el espejo di " yo puedo, lo voy a lograr, soy capaz, nada me queda pequeño, voy de tras de Dios por que adelante va el que me va limpiando los obstáculos, mientras yo voy carneando mi fututo. Recuerda nada va hacer fácil no te desanimes a la primera ni a la segundo ni a la tercera o la cuarta , mantente enfocado, has lo que te corresponde hacer que Dios ara el resto por ti, recuerda que dependes primero que tu des el primer paso, y Dios dará dos por ti, cuando des tres paso Dios ara 6 por ti, cuando tu des 5 el dará 10 por ti, no te detengas, hoy te dirán que no pera mañana eso que te dicen que no, te abrirán las puertas. Rodéate de personas ganadoras, de personas que te apoyen, busca aquellos que creen en tu potencial, pero sobre todo busca a personas que te desafían a mejorar cada día, rodéate con personas con mentalidad de crecimiento esas personas pueden motivarte, pero sobre todo busca tu propia motivación, algunos hacen de ellos mismo su propia motivación, otros ven en Dios el mayor motivador. No importa cuan dura sean las circunstancias, el poder de la determinación nos llevan a superar la adversidad y finalmente alcanzar los sueños y lograr el éxito.

En la vida, hay momentos en los que queremos rendirnos. A pesar de intentar todo lo que está a nuestro alcance, los resultados no son los esperados. Seguimos intentándolo, pero a veces nos preguntamos: ¿hasta cuándo? ¿Cuándo llegará lo que deseamos? Parece que ese "cuándo" no tiene fin, y entonces nos rendimos, cayendo en un abismo sin fondo donde sentimos que hemos perdido todo: la fe en nosotros mismos. La frustración nos invade y sentimos que no tiene sentido seguir intentándolo. Nuestra mente se ha rendido y nuestro cuerpo, agotado, también dice "ya no más". Ese es el momento en que parece que hemos sido vencidos. En ese punto, nos preguntamos qué salió mal, por qué no logramos lo que queríamos a pesar de nuestros esfuerzos.

Con el tiempo, entendemos que lo que ocurrió fue que perdimos el enfoque, dejamos de creer en nosotros mismos y, lo más importante, nunca encontramos la fe en Dios. Aun cuando el médico sabe que su propósito es salvar vidas, y ha dedicado su vida a ello, cuando le llega su hora, su único consuelo es Dios. Lo mismo ocurre con el científico que no cree en la creación divina, sino en la evolución de la materia: cuando le llega su hora, de alguna manera, su alma anhelará la paz que solo Dios puede ofrecer. A lo largo de la historia, el ser humano ha necesitado algo en que creer, alguien que le brinde esperanza. Aunque pueda ser escéptico sobre el origen de la humanidad, en el fondo siempre ha existido un temor a lo desconocido, un temor que lo ha llevado a reconocer que, independientemente de lo que crea, necesita confiar en un ser supremo que ha creado todo lo que existe, y ese ser supremo se llama Dios "Todo lo hizo hermoso en su tiempo; y ha puesto eternidad en el corazón de ellos, sin que alcance el hombre a entender la obra que ha hecho Dios desde el principio hasta el fin. **Eclesiastés 3:11.** Aunque el ser humano busque explicaciones racionales para todo, en su corazón siempre habrá un anhelo por lo divino, un reconocimiento de que hay algo más grande que él mismo. También refuerza la noción de que Dios es el único que ofrece consuelo y propósito en el momento.

En los momentos más oscuros de la vida, cuando la pobreza y la falta de oportunidades nos rodean, la incertidumbre y el miedo pueden paralizarnos, haciéndonos sentir débiles e impotentes. Es fácil caer en la desesperación, en la depresión y rendirse ante los obstáculos. Sin embargo, como afirman Viktor Frankl, Carol Dweck y Napoleon Hill, es precisamente en esos momentos cuando la perseverancia, la mentalidad de crecimiento y la fe en nosotros mismos se convierten en pilares esenciales para superar las adversidades y encontrar. La Biblia nos enseña que la prueba y el sufrimiento no son el final del camino, sino una oportunidad para fortalecer nuestro carácter y nuestra fe. Como dice Romanos 5:3-4: "Y no solo esto, sino que también nos gloriamos en las tribulaciones, sabiendo que la tribulación produce paciencia; y la paciencia, carácter probado; y el carácter probado, esperanza." Asimismo, Dios nos recuerda que nunca estamos solos en nuestras dificultades. En Isaías 41:10, É "No temas, porque yo estoy contigo; no desmayes, porque yo soy tu Dios que te esfuerzo; siempre te ayudaré, siempre te sustentaré con la diestra de mi justicia."Incluso cuando el mundo parece estar en contra, la fe en Dios nos permite seguir adelante con determinación y confianza. Como dice Filipenses 4:13: "Todo lo puedo en Cristo que me fortalece."

Como seres humanos, debemos encontrar un propósito más allá de nuestras circunstancias. Viktor Frankl, psiquiatra y sobreviviente de los horrores de los campos de concentración nazis, argumenta que incluso en el sufrimiento extremo, podemos encontrar sentido en la vida. En su obra *El hombre en busca de sentido*, Frankl

"Al hombre se le puede arrebatar todo salvo una cosa: la última de las libertades humanas, la elección de la actitud personal ante un conjunto de circunstancias para decidir su propio camino." Este pensamiento resalta la capacidad del ser humano para encontrar significado incluso en la adversidad. La búsqueda de propósito es lo que nos permite seguir adelante a pesar de los obstáculos y dificultades. Asimismo, la fe en Dios es un pilar fundamental en esta búsqueda. Creer en Él y en su soberanía nos da la confianza de que nuestra vida está en sus manos. Como dice la Biblia en **Hebreos 11:1: "Es, pues, la fe la certeza de lo que se espera, la convicción de lo que no se ve."**

"Cuando ya no podemos cambiar una situación, tenemos el reto de cambiarnos a nosotros mismos" (Frankl, 1946/2004, p. X).

En medio de la pobreza y el dolor, encontrar ese propósito personal es lo que da esperanza para continuar la lucha. Por consiguiente, aunque el camino hacia el éxito este lleno de obstáculo siempre será posible cambiar y mejorar para seguir intentándolo una vez más "no te rindas" en lugar de quedarte quejándote por los fracasos como si el fin fuese llegado a tu vida, ve todo lo que te ha pasado como una oportunidad para hacerlo mejor y con mas ganas cada día porque siempre será posible mejorar. El miedo al fracaso y la duda sobre nuestra capacidad para superar las dificultades pueden ser paralizantes, pero según Dweck, si adoptamos una mentalidad de crecimiento, podemos encontrar el valor para seguir intentando, confiando en que cada esfuerzo nos acerca un poco más al éxito. Persiste, mantén la fe, no intentes evitar los obstáculos, si estos llegan afrontarlos con fortaleza, enfréntalos con toda la determinación y recuerda que Dios va contigo despejando el camino. La perseverancia, combinada con una creencia firme en nuestras habilidades y en el propósito de nuestras acciones, es lo que nos lleva a lograr nuestras metas. Según Hill, las dificultades son inevitables, pero si mantenemos una actitud positiva y persistente, podemos transformar esos obstáculos en trampolines hacia el éxito. La clave está en no rendirse, incluso cuando todo parece indicar que el camino es incierto.

CANSADO DE FRACASAR EN EL INTENTO

"MOMENTO SIN SALIDA"

El fracaso es la manera en que la naturaleza nos dice: 'muévete en otra dirección'" Hill, N. (1937. En muchas ocasiones hemos sentido la tentación de rendirnos, de tirar la toalla porque nada parece salir bien. Vemos cada tropiezo como una derrota, acumulando fracasos que pesan sobre nuestros hombros. A pesar de nuestros esfuerzos, de nuestra dedicación absoluta, hay momentos en los que la vida parece avanzar sin rumbo, sin que midamos las consecuencias de nuestras acciones. Nos cegamos, incapaces de dimensionar la realidad; en pocas palabras, vemos pero caminamos sin dirección. Algo no está bien: el camino que seguimos no nos lleva a donde queremos o, quizás, a donde realmente merecemos estar.

Los obstáculos parecen insuperables, las barreras se hacen más altas, y la desesperanza nos envuelve. Sin embargo, cada dificultad trae consigo una lección. Thomas Edison, tras múltiples intentos fallidos en la invención de la bombilla, afirmó con determinación: "No he fracasado, solo he encontrado 10.000 maneras que no funcionan". Su actitud nos recuerda que el fracaso no es el final del camino, sino una oportunidad para aprender y mejorar.

Consideremos el caso de un emprendedor que fracasa en su primer negocio. En lugar de rendirse, debe analizar qué salió mal, ajustar su enfoque y seguir adelante. Esta mentalidad de aprendizaje continuo es clave para alcanzar el éxito. Como señaló Napoleon Hill: "El fracaso es la manera en que la naturaleza nos dice: 'muévete en otra dirección'". No siempre obtenemos los resultados que esperamos, a pesar de nuestro esfuerzo, dedicación y sacrificio. Y eso puede generar frustración y desmotivación.

Sin embargo, quiero decirte, amigo o amiga, que lo que hiciste no fue en vano. Has abierto el camino para lo que vendrá, aunque no en tu tiempo, sino en el tiempo perfecto de Dios. A veces, repetimos las mismas acciones con la mejor intención y no obtenemos los resultados deseados. En esos momentos, la mejor estrategia es cambiar de enfoque, probar un camino diferente. Albert Einstein lo expresó magistralmente: "Locura es hacer lo mismo una y otra vez esperando resultados diferentes".

¿Te has preguntado alguna vez por qué los resultados en tu vida no cambian a pesar de tus esfuerzos? Quizás sea momento de modificar tu rutina, de tomar un camino alternativo, de desafiar lo conocido. Cuestionarse es esencial para el crecimiento. Como dijo Sócrates: "Una vida sin examen no merece ser vivida". Vivir sin un propósito claro nos condena a la monotonía y a la insatisfacción.

Muchos vivimos el día a día sin planear nuestro futuro, sin una dirección clara. Sin embargo, quien no planifica su vida está destinado a vivir una existencia sin rumbo, sin un verdadero significado. La vida es el regalo más valioso que poseemos, y la mejor manera de honrarla es vivir con un propósito que nos impulse cada día. Como afirmó Viktor Frankl: "Quien tiene un porqué para vivir puede soportar casi cualquier cómo".

La felicidad no es un destino, sino el camino que elegimos recorrer a pesar de las dificultades. La clave está en no rendirse, en buscar nuevas oportunidades y en aprender de cada experiencia. Porque, al final, la verdadera derrota no está en fracasar, sino en dejar de intentarlo.

Uno de los mayores anhelos de miles de jóvenes es alcanzar la riqueza, creyendo que ello les traerá felicidad. Sin embargo, es bien sabido que el dinero, por sí solo, no garantiza la verdadera alegría. Entonces, te pregunto: ¿qué es lo que en este momento te hace feliz, sin importar las circunstancias? Reflexiona y escribe aquí aquello que, incluso en tiempos difíciles, te brinda felicidad:_______________________________________

____

____.

Ahora, escribe lo que crees que te haría feliz durante toda tu vida, aquello que sería el mayor regalo que podrías recibir:_______________________________________

____

¡Muy bien! Ahora tienes claridad sobre lo que te hace feliz en este instante y lo que anhelas para el resto de tu vida. Pero más importante aún, ¿cómo piensas lograrlo? Describe aquí los pasos que darás para alcanzar esa felicidad que tanto deseas:____

____

____.

Ahora reflexiona: ¿depende de ti lograrlo o depende de otros? Si depende de ti, escribe "Sí" en este espacio (   ). Si crees que no depende de ti, escribe "No" y cuéntame por qué:____

____

____

____

____

____.

Gracias por compartir tus pensamientos. Ahora quiero que cierres los ojos por un momento e imagines cómo sería tu vida si alcanzaras esa felicidad que tanto anhelas. ¿Cómo te sentirías? ¿Cómo sería tu día a día? Dedica unos minutos a visualizarlo con detalle.

"Deléitate asimismo en Jehová, y él te concederá las peticiones de tu corazón" (Salmos 37:4).

Ahora que has reflexionado, escribe cuál es tu propósito en la vida y cómo piensas alcanzarlo:____

____

____

____.

Gracias por compartir algo tan valioso con migo. Es importante recordar que el camino hacia la verdadera felicidad depende de Dios. Pídele sabiduría y fortaleza para luchar por tus sueños. Has hecho un pacto con Él: harás tu parte con disciplina y fe, y Dios te guiará en cada paso.

"Encomienda a Jehová tu camino, y confía en él; y él hará" (Salmos 37:5).

Día tras día, dedica tiempo a hablar con Dios. No importa si fue un día difícil, dile: *"Señor, hoy hice mi parte, por favor, haz la tuya en mi vida y dame fortaleza para seguir adelante."* La clave es la constancia y la fe. Mantén tu enfoque en el propósito que has escrito aquí y confía en que Dios abrirá puertas para ti.

"Porque yo sé los planes que tengo para ustedes" —declara el Señor— "planes de bienestar y no de calamidad, a fin de darles un futuro y una esperanza" (Jeremías 29:11). Después de un año, regresa a este libro y lee lo que has escrito. Reflexiona sobre tu crecimiento y los milagros que han sucedido en tu vida. Recuerda que, aunque los días sean difíciles y oscuros, Dios es la luz que ilumina tu camino.

"Jehová es mi luz y mi salvación; ¿de quién temeré? Jehová es la fortaleza de mi vida; ¿de quién he de atemorizarme?" (Salmos 27:1).

Vive con propósito, con fe y con la certeza de que Dios está contigo en cada paso del camino.

El Valor de Decidir: Rompiendo el Miedo al Fracaso

El miedo al fracaso es uno de los temores más persistentes en la vida del ser humano. Nos acompaña desde la juventud, cuando enfrentamos la incertidumbre del futuro, hasta la adultez, cuando cargamos con responsabilidades que afectan no solo nuestro destino, sino también el de quienes amamos. Incluso en el ocaso de nuestros días, el temor a haber tomado decisiones incorrectas puede perseguirnos. Sin embargo, la verdadera derrota no está en equivocarse, sino en no intentarlo. Como dijo Franklin D. Roosevelt: "Lo único que debemos temer es al miedo mismo".

Desde jóvenes, nos aterra decepcionar a nuestros padres, a la sociedad y, sobre todo, a nosotros mismos. El peso de nuestras decisiones nos genera ansiedad, ya que cada elección puede llevarnos por caminos desconocidos, algunos de los cuales nos conducen al éxito y otros al aprendizaje a través del error. Pero aquí radica una verdad fundamental: aquellos que no toman decisiones por miedo a lo desconocido ya han fracasado sin haberlo intentado. Como expresó John C. Maxwell: "El fracaso es simplemente la oportunidad de comenzar de nuevo, esta vez con más inteligencia".

Tomar decisiones conlleva responsabilidad, y muchas veces el temor no radica solo en las consecuencias personales, sino en el impacto que estas puedan tener en nuestros seres queridos. Esto es especialmente cierto en situaciones en las que nuestras aspiraciones entran en conflicto con la lealtad y el compromiso hacia nuestra familia o comunidad. ¿Es correcto abandonar a los nuestros en busca de un mejor porvenir? ¿O es mejor permanecer juntos, incluso si ello implica sacrificar el crecimiento personal? Viktor Frankl, en su obra *El hombre en busca de sentido*, nos enseña que "cuando ya no podemos cambiar una situación, tenemos el desafío de cambiarnos a nosotros mismos". Es decir, la clave no está en evitar la decisión, sino en encontrar la manera de hacerla con propósito y responsabilidad.

Tomar decisiones basadas en principios sólidos es esencial. No se trata de elegir el camino que nos beneficie exclusivamente a nosotros, sino aquel que sea justo y no cause daño innecesario a los demás. C.S. Lewis afirmó: "La integridad es hacer lo correcto, incluso cuando nadie está mirando". Decidir con ética y convicción es lo que nos permite avanzar sin arrepentimientos, sabiendo que cada paso que damos está alineado con nuestros valores más profundos.

Muchas veces, la vida nos coloca en situaciones donde postergar una decisión es, en sí misma, una decisión. El tiempo sigue su curso y, cuando no actuamos, perdemos oportunidades valiosas. Paulo Coelho, en *El Alquimista*, nos recuerda que "una decisión tomada con el corazón nunca es un error". Es decir, lo importante no es la certeza absoluta, sino la convicción de que estamos avanzando.

Si elegimos la inacción, solo conoceremos lo que está al alcance de nuestra mano, pero si nos atrevemos a dar un paso adelante, aunque sea incierto, aprenderemos, creceremos y descubriremos nuevas posibilidades. Como dijo Nelson Mandela: "Siempre parece imposible hasta que se hace". La vida es demasiado breve para vivir en la duda y el temor. Debemos atrevernos a decidir, a fallar y a levantarnos, porque solo aquellos que enfrentan la incertidumbre con valentía logran descubrir el verdadero significado de su existencia.

Decidir no siempre es fácil, pero es necesario. No permitas que el tiempo tome las decisiones por ti. Ten el coraje de enfrentar la vida con determinación, porque, al final, una vida sin decisiones es una vida sin propósito.

DEL ABANDONO A LA GRANDEZA: EL ARTE DE CREER EN TI MISMO

"Cuando ya no somos capaces de cambiar una situación, nos encontramos ante el desafío de cambiarnos a nosotros mismos." **Viktor Frankl** (1905-1997).

En la vida, enfrentamos momentos en los que la adversidad parece insuperable. Sin embargo, el camino desde la dificultad hasta el éxito no depende únicamente de nuestras circunstancias, sino de la fe en nosotros mismos y, sobre todo, de nuestra confianza en Dios. Si no creemos en nuestros sueños, estamos destinados al fracaso, sin importar cuánto hayamos luchado por ellos. Como dijo Henry Ford: *"Tanto si piensas que puedes, como si piensas que no puedes, estás en lo cierto."*

Muchas personas han nacido en contextos difíciles, rodeadas de pobreza, miedo o desesperanza. Pero no es el entorno lo que define nuestro destino, sino nuestra mentalidad, esfuerzo y determinación. La grandeza no es un privilegio de unos pocos, sino el resultado de la perseverancia y la fe. La Escritura nos recuerda en Filipenses 4:13: *"Todo lo puedo en Cristo que me fortalece."*

El cambio no ocurre por casualidad, sino a través de la autoconfianza, la perseverancia y la toma de decisiones valientes. Creer en uno mismo es un arte: se aprende, se practica y se perfecciona con el tiempo. C.S. Lewis expresó esta verdad con sabiduría: *"Las dificultades preparan a personas comunes para destinos extraordinarios."*

Quizás hoy te encuentres sumido en la desesperanza, sintiéndote abandonado, derrotado o sin rumbo. Pero recuerda que dentro de ti hay un potencial inmenso, una fuerza capaz de transformar cualquier adversidad en oportunidad. *"Porque Dios no nos ha dado un espíritu de cobardía, sino de poder, de amor y de dominio propio"* (2 Timoteo 1:7).

Cada día, al mirarte al espejo, repite contigo mismo esta frase: *"Soy capaz, voy a lograrlo, mi fortaleza está en mi fe."* No permitas que el miedo o la duda apaguen la luz de tu propósito. Dios está contigo en cada paso, esperando que lo llames, que confíes en Él y que dejes que su poder transforme tu vida. Como dijo San Agustín: *"Ora como si todo dependiera de Dios, pero trabaja como si todo dependiera de ti."*

La fe no es solo una creencia; es el motor que impulsa nuestros sueños. Es esa voz interior que nos dice que, a pesar de todo, podemos seguir adelante. Es la certeza de que, aunque el camino sea difícil, Dios nos sostiene. *"Clama a mí, y yo te responderé, y te enseñaré cosas grandes y ocultas que tú no conoces" (Jeremías 33:3).*

No estás solo. Tu grandeza ya está dentro de ti. Confía, persiste y permite que Dios guíe tu camino.

No te sientas abandonado a tu suerte, recuerda que el primer paso para que algo suceda depende siempre de ti, si tu das un paso Dios da otro a tu favor, si tu gateas dios ara que camines, si tu caminas Dios hará que corras, si tu corres, Dios hará que vueles. Enfócate en tu objetivo, que Dios te acompañara en el proceso, no importa si al principio los resultados no se den, tu persiste insiste y confía en Dios a través de la fe, esa fe es la que te da la fortaleza, esa fortaleza se traduce en voluntad inquebrantable y esa voluntad + la fe de creen en Dios= al logro de los objetivos que se transforman en éxito que es el reflejo de la superación personal en ti.

Muchos se preguntan: ¿Cómo creer en mí mismo cuando he fracasado tantas veces? ¿Cómo seguir adelante cuando la frustración y el miedo me paralizan? Quizás te encuentres en ese momento en el que cada intento parece inútil, donde el eco de tus propios fracasos resuena más fuerte que cualquier voz de aliento. Has perdido la esperanza, has dudado de tu propósito y, en el fondo, sientes que has dejado de creer en Dios. Pero detente por un instante. Respira. No estás solo. La vida es una travesía de luces y sombras, y las caídas no son señales de derrota, sino pruebas que te preparan para la grandeza. "El éxito es la capacidad de ir de fracaso en fracaso sin perder el entusiasmo", dijo Winston Churchill. Cada tropiezo es una lección, cada dolor es un maestro y cada desafío es una oportunidad para descubrir la fortaleza que llevas dentro.

Cuando el miedo y la desesperación intentan sofocar tu esperanza, recuerda que la fe es el puente que te conecta con nuevas posibilidades. "La fe es dar el primer paso, incluso cuando no ves toda la escalera", afirmó Martin Luther King Jr. Si sientes que has perdido todo, vuelve a lo esencial: cree en ti, aunque sea con el último suspiro de tu alma. Cree en Dios, pues Él nunca te ha abandonado. "No temas, porque yo estoy contigo; no desmayes, porque yo soy tu Dios que te esfuerzo; siempre te ayudaré, siempre te sustentaré con la diestra de mi justicia" (Isaías 41:10).

Las adversidades pueden hacerte sentir como si estuvieras en un pozo sin salida, pero incluso en la oscuridad más profunda, hay una chispa de luz esperando a ser avivada. "Todo lo que un hombre puede imaginar, otro puede hacerlo realidad", dijo Julio

Verne. Y esa verdad también aplica a ti. No importa cuántas veces hayas caído, lo que importa es tu decisión de levantarte una vez más.

Levántate. Mira en tu interior y descubre que la fortaleza que buscas no está afuera, sino dentro de ti. "El hombre nunca sabe de lo que es capaz hasta que lo intenta", escribió Charles Dickens. Es el momento de intentarlo de nuevo, de confiar, de abrazar el proceso de crecimiento que implica cada adversidad.

Cuando te mires al espejo, no veas a alguien derrotado, sino a un guerrero(a) que sigue en pie, a un alma que sigue luchando. Dite a ti mismo: "Soy más fuerte de lo que creo, tengo fe y sé que lo lograré." No olvides que la grandeza no radica en no caer, sino en levantarse con más determinación cada vez. "Porque aunque caiga, no quedará postrado, porque el Señor sostiene su mano" (Salmo 37:24).

Elige hoy creer en ti. Elige hoy aferrarte a la fe. No importa cuán oscuro parezca el camino, la luz siempre está al final para aquellos que no dejan de caminar.? Y recuerda siempre que laa adversidad no es el fin del camino, sino el crisol donde se forja la fortaleza interior. Como lo dijo el filósofo Friedrich Nietzsche: *Lo que no me mata, me hace más fuerte.* " Cada caída es una oportunidad para aprender, cada obstáculo un peldaño hacia una mejor versión de nosotros mismos. Cuando el miedo nos paraliza y la fe parece desvanecerse, es fundamental recordar que dentro de nosotros reside una luz inquebrantable. Como escribió Viktor Frankl, sobreviviente del Holocausto y autor de *El hombre en busca de sentido*: *"Cuando ya no podemos cambiar una situación, tenemos el desafío de cambiarnos a nosotros mismos."* Nuestra actitud frente a las dificultades determina si estas nos derrotan o nos fortalecen. La verdadera grandeza no está en nunca fallar, sino en la capacidad de reinventarnos después de cada tropiezo. La historia está llena de ejemplos de personas que, en su momento más oscuro, decidieron creer en sí mismas y encontraron en su fe y determinación la fuerza para superar la adversidad. Cada uno de nosotros tiene dentro de sí el poder de transformar el dolor en propósito y la derrota en una nueva oportunidad. La clave está en creer, en no rendirse y en confiar en que la luz siempre espera al final del túnel para aquellos que persisten. Así que, cuando la vida parezca insoportable, recuerda: la grandeza no está en evitar el sufrimiento, sino en aprender a levantarte con más fuerza cada vez. *"Aun en la oscuridad, la esperanza es una luz que nunca se apaga."*

No hay nada como regresar a un lugar que permanece sin cambios para encontrar las formas en que tú mismo has cambiado." – Nelson Mandela. Esta frase nos invita a reflexionar sobre la importancia de la evolución personal a través de la adversidad, es por esto que debemos ver la vida como un viaje donde cada experiencia nos moldea y nos transforma. Las personas que perseveran no solo enfrentan la adversidad, sino que la utilizan como un medio de transformación. La verdadera evolución no se mide por lo que hemos logrado, sino por lo que hemos aprendido en el camino. En un mundo tan difícil pero tan maravilloso como este, hemos conocido de aquellas personas que fracasaron no uno ni dos ni tres, si no muchas veces antes de lograr la grandeza. El fracaso no es el final del camino, sino un peldaño más en la escalera hacia el éxito. A lo largo de la historia, muchas personas que hoy admiramos enfrentaron fracasos constantes antes de alcanzar la grandeza. Sus historias nos enseñan que la clave del triunfo no está en evitar las caídas, sino en levantarnos con más fuerza y sabiduría cada vez que tropezamos. **Albert Einstein** – Durante su infancia, Einstein tuvo dificultades en la escuela y no habló con fluidez hasta los cuatro años. Muchos lo consideraban un niño con problemas de aprendizaje. Años después, revolucionó la física con su Teoría de la Relatividad, demostrando que el verdadero potencial se desarrolla con paciencia y dedicación. El fracaso no define nuestro destino, sino nuestra actitud frente a él. Cada tropiezo es una lección y cada derrota es una oportunidad para aprender y mejorar. Si muchas de las personas que fracasaron una y muchas veces, se fuesen detenido ante el fracaso el mundo jamás habría conocido su grandeza. Hay momento en nuestra vida que nos enfrentamos a muchos obstáculos que en ocasiones son tan grandes frente a nosotros que parecen insuperables invencibles e imposibles de superar, sin embargo es bueno recordar que mas vale aquel que se cae y se levanta que aquel que nunca se ha caído. Como dijo Henry Ford: *"El fracaso es simplemente la oportunidad de comenzar de nuevo, esta vez de forma más inteligente." A medida que nos caemos y nos equivocamos nos volvemos mas fuerte, el secreto esta en no rendirnos en tener toda la fuerza de voluntad y la fe de creer no solo en nosotros que si se puede, sino en creen en un Dios que es nuestro escudo y nuestro entrenado que nos dice „levántate guerrero, que no te di la vida para que te rindieras, te di la vida para fueras feliz, no te rindas cuando ya estas cerca de lograr esa felicidad que he construido para ti".* Si hoy te sientes derrotado, recuerda que cada caída es solo un capítulo, no el final de tu historia. Mantén la fe, confía en ti mismo y sigue adelante con determinación. La voluntad inquebrantable y la perseverancia son las herramientas que te llevarán a conquistar tus sueños. ¡No te rindas, porque el éxito está más cerca de lo que imaginas!

Las decisiones correctas en nuestra vida

Como se menciona en una de las escenas más icónicas de Spider-Man, "un gran poder conlleva una gran responsabilidad". Esta frase, aunque proveniente de la ficción, encierra una verdad profunda sobre la vida. A medida que avanzamos y alcanzamos nuevos peldaños, nuestras responsabilidades crecen, tanto con nosotros mismos como con quienes nos rodean.

Cada escalón que subimos representa un reto; algunos pueden ser más fáciles de superar que otros, pero conforme ascendemos, las dificultades aumentan en la misma proporción que los resultados esperados. Como afirmaba John C. Maxwell, "el crecimiento es opcional, pero si queremos avanzar, debemos estar dispuestos a enfrentar los desafíos que conlleva". El miedo a caer también es grande, pues somos conscientes de que los errores y las malas decisiones no siempre nos permitirán retroceder un solo paso. En ocasiones, podemos encontrarnos en una cornisa inestable que nos haga retroceder aún más de lo que imaginamos, enfrentándonos a circunstancias donde el tiempo, las oportunidades y las personas ya no sean las mismas. Sin embargo, como decía Viktor Frankl, "cuando ya no podemos cambiar una situación, nos enfrentamos al desafío de cambiarnos a nosotros mismos".Tal vez ese descenso nos lleve a reflexionar con madurez y nos motive a comenzar de nuevo. En el camino, podríamos descubrir nuestro verdadero propósito, comprendiendo que algunas caídas eran necesarias para reencontrarnos con nuestra esencia y hallar la felicidad genuina. No siempre la decisión aparentemente correcta nos lleva donde merecemos estar; en muchas ocasiones, las decisiones erróneas nos ubican exactamente en el punto donde necesitamos estar, ya sea para fortalecernos, corregir nuestro rumbo, encontrar a las personas adecuadas o enfocarnos en lo que realmente importa.

Es importante recordar que toda acción genera una reacción, como señaló Isaac Newton en su tercera ley. El ser humano necesita resultados, ya sean positivos o negativos, pues estos le permiten encontrar el camino que Dios ha trazado para su vida. De la misma línea de pensamiento C.S. Lewis, expresa que "no puedes volver atrás y cambiar el principio, pero puedes comenzar donde estás y cambiar el final". No siempre se trata de lo que queremos, sino de lo que está destinado para nosotros. Lo fundamental es seguir en movimiento, pues cada paso que damos, sea adelante o atrás, define nuestro destino.

Estos niveles de responsabilidad están directamente asociados con la toma de decisiones, las cuales pueden ser acertadas o desafortunadas. Idealmente, deberíamos tomar siempre las mejores decisiones, no solo aquellas que nos beneficien individualmente, sino también las que favorezcan a quienes nos rodean.

Por otro lado Uno de los primeros pasos para una buena toma de decisiones es aceptar que, tarde o temprano, debemos decidir. Incluso cuando evitamos hacerlo, estamos tomando una postura, y esa inacción se convierte en una decisión en sí misma. Como resultado, es evidente que vivimos constantemente en el filo de nuestras elecciones, definiendo nuestro presente y nuestro futuro a través de cada decisión que tomamos.

Para Jean-Paul Sartre: *"Estamos condenados a ser libres."* Esta libertad implica la responsabilidad de nuestras elecciones y sus resultados. Nuestro destino se construye a partir de las decisiones que tomamos; no existe un destino predefinido en la vida. Cada elección nos acerca o nos aleja de lo que realmente queremos. En ocasiones, los seres humanos necesitamos creer en algo para seguir adelante.

Podemos creer en nosotros mismos, en nuestra fuerza, voluntad y esperanza, confiando en que, con sacrificio, podemos lograrlo. Sin embargo, siempre existirá un sentimiento que nos impulsa más allá, algo que, aunque no podamos ver, nos eleva y nos motiva a alcanzar nuestras metas. "La voluntad sin fe son solo ganas de esforzarse." Tener fe va más allá de intentarlo; es la certeza de que algo bueno sucederá y, por ello, seguimos adelante. Tarde o temprano, la voluntad puede doblegarse, pero la fe es esa fuerza que nos impulsa a continuar incluso en la oscuridad, aun sin la capacidad de ver lo que nos espera más adelante. Simplemente seguimos intentando, porque creemos y estamos seguros de que lo vamos a lograr. Cuando pierdes la fe en Dios, es por que hace rato perdiste la fe en ti mismo, por lo tanto, ya no te queda si no aceptar el fracaso y justo en ese momento es cuando pierdes y no te queda nada mas por que seguir viviendo.

Tomar decisiones puede ser difícil porque implica asumir riesgos e incertidumbre. Daniel Kahneman, premio Nobel de Economía, argumenta en su libro "Thinking, Fast and Slow" que los seres humanos tienen dos sistemas de pensamiento: uno rápido, intuitivo y emocional, y otro más lento, reflexivo y racional. Muchas veces tomamos decisiones basándonos en emociones, lo que puede llevarnos a errores si no analizamos bien las situaciones. Por otro lado, filósofos como Aristóteles sostienen que la prudencia (*phronesis*) es clave en la toma de decisiones. Para Aristóteles, la sabiduría práctica nos permite discernir qué es lo mejor en cada circunstancia y actuar en consecuencia. Esta idea se refleja en Proverbios 3:5-6: *"Confía en el Señor con todo tu corazón y no te apoyes en tu propia prudencia; reconócelo en todos tus caminos, y él enderezará tus sendas."*

Algunos lectores podrían preguntarse cómo es posible escribir basándose tanto en el pensamiento científico como en la fe en un Dios verdadero. Sin embargo, ambas perspectivas han sido fundamentales en la construcción del conocimiento humano.

Para comprender mejor este concepto, imaginemos un gimnasio donde todos intentamos levantar el mismo peso. No todos tienen la misma fuerza: algunos lo lograrán con facilidad, otros lo intentarán sin éxito, y algunos sorprenderán a todos levantándolo cuando nadie creía que podrían. También habrá quienes, a pesar de estar en las mismas condiciones que otros, simplemente no lo logren.

Los que creen en la ciencia argumentarán que esto es cuestión de genética, biología o factores psicológicos. Siempre habrá una explicación lógica y medible para quienes buscan respuestas empíricas. Sin embargo, cuando la razón no puede justificarlo todo, cuando no podemos probar algo con certeza, el único camino posible es la fe. Como dijo Blaise Pascal: "La última etapa de la razón es reconocer que hay una infinidad de cosas que la superan."

El ser humano puede comprender lo que está a su alcance, pero jamás podrá abarcar lo inabarcable. La ciencia intenta explicar los misterios de la existencia, pero hay preguntas que escapan a su dominio. La fe en Dios no contradice el razonamiento, sino que lo complementa. Como dice Hebreos 11:1: "La fe es la certeza de lo que se espera, la convicción de lo que no se ve."

Tal vez te preguntes cómo se creó el universo. Algunos te dirán que fue producto de una gran explosión, mientras que otros, al observar a una hormiga trabajar, comprenderán sin necesidad de fórmulas matemáticas que todo tiene un principio. Y si todo tiene un principio, entonces debe existir una causa primera, aquello que da origen a todo lo demás. Aristóteles llamó a esto el Motor Inmóvil, y los creyentes lo identificamos con Dios.

Si damos a la humanidad la capacidad de evolucionar en su pensamiento, en su vida y en su manera de entender el mundo, llegamos a un punto en el que la existencia sobre la existencia se convierte en un círculo infinito que nos lleva de regreso a su origen: Dios. Como lo expresa Apocalipsis 22:13: "Yo soy el Alfa y la Omega, el principio y el fin, el primero y el último."

Por otro lado, vivimos constantemente al filo de nuestras decisiones. Cada elección que hacemos, grande o pequeña, tiene un impacto en nuestra vida y en la de los demás. Como dijo Viktor Frankl: "Entre el estímulo y la respuesta hay un espacio. En ese espacio reside nuestra capacidad de elegir nuestra respuesta. En nuestra respuesta yace nuestro crecimiento y nuestra libertad." Esa libertad es producto de creer en nosotros mismo y de creer que existe un Dios que es el principio de todo y el final de todo.

Tomar buenas decisiones requiere sabiduría, reflexión y fe. No debemos temer equivocarnos, sino aprender de cada elección para mejorar en el futuro. Como nos recuerda Romanos 8:28: "Sabemos que Dios hace que todas las cosas cooperen para el bien de quienes lo aman y son llamados según su propósito."

Para tephen R. Covey En su obra Los 7 hábitos de la gente altamente efectiva, Covey enfatiza que las decisiones deben estar fundamentadas en valores sólidos y no en emociones pasajeras. "Somos libres de elegir nuestras acciones, pero no las consecuencias de esas acciones". Somos libres de tomar cualquier camino, cualquier decisión, pero a menudo no siempre nuestras decisiones están bajo nuestro control. Para tomar decisiones acertadas, debemos considerar el impacto a largo plazo y no dejarnos llevar por impulsos momentáneos. Para Viktor

Tomar decisiones es uno de los mayores desafíos que enfrentamos a lo largo de nuestra existencia. La incertidumbre, el miedo al error y las consecuencias de nuestras elecciones pueden generar angustia, pero es imprescindible asumir esta responsabilidad. Como afirma Zygmunt Bauman (2000), vivimos en una "modernidad líquida", donde la incertidumbre es constante y la única manera de avanzar es a través de elecciones conscientes. No decidir es, en sí mismo, una decisión, y muchas veces puede significar perder oportunidades valiosas. La actitud personal determina nuestra respuesta ante cualquier situación, por más difícil que sea. Para mejorar nuestra capacidad de decidir, es crucial desarrollar una mentalidad consciente, reflexiva y enfocada en el crecimiento personal. Como sugieren diversos autores, nuestras elecciones no solo moldean nuestro destino, sino también el tipo de persona en la que nos convertimos. Una buena decisión puede traer cambios positivos no solo para nosotros, sino también para quienes nos rodean. Por el contrario, una mala elección puede desencadenar una serie de eventos que dificulten nuestro progreso.

Muchas personas enfrentan grandes dificultades al tomar decisiones, y en ocasiones les cuesta reponerse de sus consecuencias. El camino de la toma de decisiones es arduo, no solo porque implica nuestro propio crecimiento, sino también porque conlleva la responsabilidad de hacer lo correcto para el bienestar de quienes amamos, conocemos o incluso de aquellos que no conocemos. En este sentido, la ética de la responsabilidad de Hans Jonas (1979) nos recuerda que nuestras decisiones deben considerar no solo el presente, sino también su impacto a largo plazo.Tomar decisiones implica un equilibrio entre pensar en uno mismo y en el bien común. Algunas elecciones son tan trascendentales que pueden cambiar por completo el rumbo de nuestra vida. No podemos esperar eternamente el "momento perfecto" para decidir, porque el tiempo sigue avanzando y, cuando finalmente nos animemos, las circunstancias habrán cambiado. Como explica Stephen Covey (1989), "somos responsables de nuestras propias vidas" y no podemos dejar que el miedo nos paralice.

El mayor error que podemos cometer es no decidir. El tiempo es lo único que no podemos retroceder, y cada momento perdido esperando la oportunidad ideal es un momento que jamás recuperaremos. Por ello, debemos tomar decisiones, por difíciles que parezcan, porque solo así encontraremos lo que realmente merecemos y construiremos el futuro que deseamos. Tomar decisiones es un aspecto fundamental en la vida de cualquier persona. La capacidad de decidir no solo define nuestro presente, sino que también moldea nuestro futuro. Como afirma Zygmunt Bauman (2000), vivimos en una "modernidad líquida", donde la incertidumbre es constante y la única manera de avanzar es a través de elecciones conscientes. Sin embargo, muchas personas postergan sus decisiones, esperando que las circunstancias ideales lleguen por sí solas. Esta pasividad puede llevar al estancamiento, pues nada cambia si no tomamos acción.

En ocasiones, la vida nos exige explorar nuevos caminos. Un ejemplo de ello es la persona que sigue la misma rutina durante años, viendo siempre las mismas caras y viviendo en la misma monotonía. En contraste, aquel que se atreve a cambiar y regresa después de un tiempo se da cuenta de que ha evolucionado, mientras que quienes se quedaron en el mismo lugar continúan sin avances. Esto coincide con la teoría del desarrollo personal de Abraham Maslow (1943), quien señala que el crecimiento humano requiere de desafíos y decisiones que nos saquen de la zona de confort. A menudo, esperamos un cambio milagroso: el trabajo ideal, la pareja perfecta o la felicidad absoluta. No obstante, la verdadera pregunta es: ¿qué estamos haciendo para que esto ocurra? La procrastinación de las decisiones genera incertidumbre y nos impide avanzar. Tony Robbins (1991) sostiene que "es en los momentos de decisión cuando se define nuestro destino", lo que refuerza la idea de que cada elección tiene un impacto directo en nuestra vida. No decidir es, en sí mismo, una decisión, y puede conducir a la frustración y al estancamiento.

Cuando caminamos sin un propósito definido, nos dejamos llevar por las circunstancias, sin ejercer control sobre nuestro destino. Viktor Frankl (1946) enfatiza en su obra El hombre en busca de sentido que quienes encuentran un propósito en la vida logran superar incluso las adversidades más extremas. La toma de decisiones nos permite descubrir nuevas oportunidades y, aunque el resultado no siempre sea el esperado, cada paso nos acerca a un aprendizaje y a una nueva perspectiva.

El miedo a lo desconocido nos mantiene en nuestra zona de confort, pero toda decisión genera una reacción. Daniel Kahneman (2011) explica que las decisiones pueden basarse en la intuición (rápida y emocional) o en la reflexión racional (lenta y analítica). Independientemente del tipo de decisión, lo esencial es evaluar sus consecuencias y asegurarnos de que no causen un daño irreparable a otros. Como plantea Aristóteles en su ética, la virtud radica en encontrar un equilibrio entre la razón y la emoción para actuar de manera correcta y justa.

Las decisiones deben tomarse con conciencia y responsabilidad. Debemos pensar en nosotros mismos sin olvidar el impacto en los demás. A pesar de que algunas elecciones pueden afectar a terceros, lo fundamental es que estas no generen un daño irreversible. La ética de la responsabilidad, propuesta por Hans Jonas (1979), nos recuerda que nuestras decisiones deben considerar no solo el presente, sino también las repercusiones a largo plazo. Si sientes que nada en tu vida está funcionando como esperabas, si has intentado una y otra vez sin obtener resultados, si te encuentras en un estado de incertidumbre sin saber cuál es el siguiente paso, detente un momento. Mírate al espejo y decide por ti mismo que seguirás adelante.

Recuerda que Dios está contigo, esperando a que tomes la decisión correcta. Tal vez ya tomaste una elección que no resultó como esperabas, pero eso no significa que hayas fracasado. Como dijo Thomas Edison: "No fracasé, solo descubrí 10,000 maneras en las que algo no funciona". Levántate, deja atrás el pasado y enfócate en las nuevas oportunidades que tienes por delante. Analiza nuevamente tus opciones y elige un camino diferente al que te trajo hasta aquí.

Si sientes que estás a punto de rendirte, recuerda que existen múltiples maneras de llegar a un destino. Como dice el proverbio: "Todos los caminos llevan a Roma". Si el camino que elegiste no te llevó donde querías, cambia el plan, pero nunca abandones el objetivo. Reinventarte no significa abandonar tus sueños, sino buscar estrategias diferentes para lograrlos.

Aprender de los errores es parte del crecimiento. No puedes vivir mirando hacia atrás, pensando en lo que pudo ser. Debes avanzar, tal como el ave fénix, que resurge de sus cenizas con más fuerza. La esencia sigue siendo la misma, pero el camino puede transformarse. Quizás, en la búsqueda de tu sueño, descubras que el verdadero propósito de tu vida era otro, uno que realmente te haga feliz. Como dijo Steve Jobs: "No puedes conectar los puntos mirando hacia adelante; solo puedes hacerlo mirando hacia atrás". Con el tiempo, entenderás que cada paso fue necesario para llegar a donde realmente debías estar.

Muchos creen haberse perdido en el camino hacia la felicidad, pero tal vez nunca estuvieron perdidos. Tal vez solo estaban encontrándose a sí mismos. En el proceso de buscar lo que creíamos que nos haría felices, experimentamos momentos de alegría, dolor, frustración y aprendizaje. Y en esos momentos, cuando levantamos la mirada al cielo, comprendemos que la felicidad no estaba donde pensábamos, sino donde Dios nos guio.

Si alguna vez sentiste que estabas persiguiendo sueños sin rumbo, recuerda que Dios siempre estuvo ahí, como esa gota de fe, voluntad y esperanza que nunca te abandonó. No te sientas solo. Avanza con determinación y entrega el camino a Dios. Él enderezará tu sendero mientras caminas con fe, esfuerzo y perseverancia la importancia de la perseverancia, la resiliencia y la fe en Dios es el camino que transitamos con los pies en la tierra, peo con una mirada al cielo que nos fortalece, recuerda siempre que el fracaso no es el final del camino, sino una oportunidad para aprender y redirigir los esfuerzos, no olvides que todos los seres humanos tenemos la capacidad de renacer tras las dificultades, e incertidumbre de la vida. Hay que ver la transformación personal como un proceso inevitable. muchas veces no comprendemos el propósito de las experiencias hasta después de haberlas vivido. Es por esto que la verdadera felicidad no siempre radica en alcanzar un objetivo predeterminado, sino en el proceso de descubrimiento y crecimiento personal. La fe en Dios se presenta como una guía en este proceso, ofreciendo esperanza y dirección en momentos de duda.

CUANDO LOS INTENTOS NO DAN FRUTOS: COMO AFRONTAR LA FRUSTRACIÓN

Hay instantes en la vida que nos aplastan hasta el alma y el cuerpo, circunstancias donde percibimos que nuestras capacidades se agotan y que no podemos seguir adelante. Experimentamos todo con nuestro empeño, con optimismo, con la convicción de que podemos alcanzar el objetivo, pero en ocasiones, a pesar de todos nuestros intentos, los resultados no se producen. Nos preparamos con ilusión y entusiasmo para una entrevista laboral, pero al final, solo obtenimos un "gracias, nosotros lo llamamos". Damos todo por alguien que queremos, pero aun así, no conseguimos edificar la felicidad deseada. Elaboramos nuestra existencia con grandes aspiraciones, pero con el paso del tiempo, nos desviamos y acabamos en una trayectoria que no nos conduce a donde aspiramos.

Esta frustración es inherente y ha sido motivo de análisis por grandes intelectuales. Viktor Frankl (2004) sostenía que "cuando ya no somos capaces de modificar una circunstancia, surge el reto de transformarnos a nosotros mismos". El secreto reside en cómo abordamos los desafíos y hallamos sentido en ellos. Igualmente, Nietzsche (2003) nos hace recordar que "el que tiene un motivo para vivir, puede soportar casi cualquier forma", insinuando que la resiliencia se forja a partir de un significado profundo en nuestra existencia.

Frecuentemente, la frustración emerge cuando nos comparamos con los demás. Observamos individuos que parecen poseer menos y, no obstante, parecen alegres, mientras que otros, poseedores de grandes patrimonios, se sienten desbordados. Un individuo en un BMW mira con nostalgia a una pareja de escasos recursos que avanza de la mano, emitiendo felicidad. Otro individuo se lamenta de su antiguo vehículo heredado, mientras que una persona en bicicleta fantasea con la oportunidad de poseer incluso un coche viejo para mitigar el agotamiento de sus piernas. Como sostuvo Epicteto (2008), "lo importante no es lo que te ocurre, sino cómo respondes a ello".

Para enfrentar la frustración, es esencial tomar un respiro y meditar sobre lo que poseemos. Valorar lo positivo en medio de las dificultades nos permite percibir la vida desde un punto de vista distinto. Tal vez hoy solo tengas en tu refrigerador un par de patatas y un pedazo de queso, pero hay alguien en el exterior que no ha tenido comida durante todo el día. Tal vez dispongas de un techo para dormir, mientras que en cierto lugar hay una familia que está a punto de ser desalojada sin tener claro a dónde dirigirse.

En la actualidad, tanto la espiritualidad como la fe pueden constituir refugios. Como menciona la Biblia en el libro de Isaías 41:10: "No temas, porque yo estoy contigo; no desmayes, porque yo soy tu Dios que te refuerzo". En los instantes de desesperación, levantar nuestra mirada y tener la esperanza de que algo positivo surja puede otorgarnos la fortaleza que pensamos haber perdido.

En última instancia, cada día representa una nueva oportunidad. No tiene importancia si hay que empezar de nuevo, si se requiere modificar costumbres, individuos o situaciones. Es crucial levantarse con resolución, recordando que después de la tormenta, el sol vuelve a resplandecer.

AGRADECIMIENTOS

67

Agradezco a Dios, a la vida que se me fue dada, mis padres que me enseñaron el valor de vida, del tiempo, del sacrificio pero sobre todo el poder de la fe, de cree que todo es posible mientras tengamos fe, y una voluntad inquebrantable para lograr lo inimaginable. Mi madre siempre me dijo "los sueños solo dejan de ser sueños para volverse realidad cuando la voluntad y la fe son mas fuerte que el deseo de soñar.

BIOGRAFIA DEL AUTOR

Robinson Guerrero Segura es un profesional comprometido con la educación, el desarrollo social y la gestión de proyectos. Es Ingeniero Industrial del Politécnico Grancolombiano de Colombia y Administrador de Negocios de la Universidad del Quindío. Cuenta con una especialización en Gerencia de Proyectos de la Universidad Uniminuto y una especialización tecnológica en Planeación y Desarrollo de Investigaciones para Marketing. Además, posee una Maestría en Gerencia de Proyectos del Politécnico Grancolombiano.

A lo largo de su trayectoria, ha desempeñado roles clave en la academia y en el sector empresarial. Ha sido docente universitario en la Universidad del Valle y la Universidad del Pacífico en Buenaventura, así como instructor de formación para el trabajo en el SENA. Su vocación por la enseñanza lo ha llevado a formar a jóvenes de escasos recursos en Colombia, con la firme convicción de que la educación, los principios morales y la ética son pilares fundamentales para transformar la sociedad.

En el ámbito profesional, se ha destacado como asesor en procesos de inversión extranjera, facilitando la internacionalización de empresas y productos. Ha prestado servicios de consultoría tanto en entidades públicas como privadas, contribuyendo al desarrollo de estrategias que impulsan la competitividad y el crecimiento sostenible. Robinson cree firmemente en el poder de la educación y en la importancia de mantener un propósito guiado por valores y principios. Su visión social y su compromiso con el bienestar colectivo lo han convertido en un referente para las nuevas generaciones, fomentando el desarrollo personal y profesional a través del conocimiento. "Aunque no se nos permite vivir mucho tiempo debemos por lo menos hacer algo para demostrar que hemos vivido" has el bien aun cuando a ti te hagan el mal, la vida siempre te devolverá lo mejor que mereces.

REFERENCIA BIBLIOGRÁFICAS

Goleman, D. (1995). Emotional intelligence: Why it can matter more than IQ. Bantam Books.

Masten, A. S. (2001). Ordinary magic: Resilience processes in development. American Psychological Association.

Luthans, F., Youssef, C. M., & Avolio, B. J. (2007). Psychological capital: Developing the human competitive edge. Oxford University Press.

Erikson, E. H. (1980). Identity and the life cycle. W.W. Norton & Company.

Zimbardo, P. G., & Boyd, J. N. (1999). Putting time in perspective: A valid, reliable individual-differences metric. Journal of Personality and Social Psychology, 77(6), 1271–1288. https://doi.org/10.1037/0022-3514.77.6.1271

Bergson, H. (1907). La evolución creadora. Presses Universitaires de France.

Heidegger, M. (1927). Ser y tiempo. Max Niemeyer Verlag.

Erikson, E. H. (1968). Identity: Youth and Crisis. Norton.

Bauman, Z. (2000). Liquid Modernity. Polity Press.

Turkle, S. (2011). Alone Together: Why We Expect More from Technology and Less from Each Other. Basic Books.

Bauman, Z. (2005). Liquid Life. Polity Press.

Bourdieu, P. (1998). La miseria del mundo. Fondo de Cultura Económica.

Durkheim, É. (1897). El suicidio: Estudio de sociología. Presses Universitaires de France.

Nussbaum, M. C. (2011). Creating Capabilities: The Human Development Approach. Harvard University Press.

Virilio, P. (2000). The Information Bomb. Verso.

Thoreau, H. D. (1854). Walden; or, Life in the Woods. Ticknor and Fields.

Sen, A. (1999). *Desarrollo y libertad*. Planeta.

Rawls, J. (1971). A Theory of Justice. Harvard University

Heidegger, M. (1927/2015). *Ser y tiempo* (JE Rivera, Trad.). Fondo de Cultura CE

Bergson, H. (1907/2017). *La evolución creadora* (AT

Bauman, Z. (2005). *modernidad liquida*. Fondo de Cultura

Bourdieu, P. (1998). *La reproducción: Elementos para una teoría del sistema de enseñanza* (JA Zamora, Tr.

Viktor Frankl, en su obra *Man's Search for Meaning* (2006)

Epicteto. (2008). Manual de vida. Ediciones Paidós.

Frankl, V. E. (2004). El hombre en busca de sentido. Herder Editorial.

Nietzsche, F. (2003). Así habló Zaratustra. Ediciones Akal.

La Santa Biblia. (Isaías 41:10).